紹興大典 史部

光緒 上虞縣志校續 6

中華書局

上虞縣志校續卷三十五

建置志三

鋪驛

總鋪在縣治側曰縣前鋪萬歷志

通明鋪在總鋪東十里一都界萬歷志

查湖鋪在總鋪東二十里一都界萬歷志

華渡鋪在總鋪西十里二十二都界萬歷志

蔡墓鋪在總鋪西二十里十都界萬歷志

新橋鋪在總鋪西三十里十都界萬歷志

崑崙舖在總舖西南三十里十一都界萬曆志

蒿陡舖在總舖西南四十里十一都界萬曆志

池湖舖在總舖西南七十里十三都界萬曆志

蔡山舖係陸路在總舖西南七十里十三都界萬曆志

十五板橋舖在總舖西南八十里十三都界明劉基詩磴滑泥深去馬遲雪殘青嶂不多時荒煙蔓草中郎宅素石清溪烈婦祠日落風生臨水樹野寒雲溼渡江旗宣光事業存書史北望淒涼有所思〇萬曆志

夏蓋舖在總舖北六十里五都界萬曆志

烏盆舖係陸路在總舖北六十里五都界萬曆志

達浦鋪在總鋪西北七十里七都界萬曆志

瀝海鋪在總鋪西北八十里八都界萬曆志○案前明置鋪四所各有郵亭廳廊門房繚以周垣設鋪司兵以守候歲久圮壞缺於修治惟總鋪在縣治側完葺如舊餘多荒廢基址僅存國朝設立鋪舍均照前明舊制通總鋪凡一十五所司兵亦與明制同內惟蒿陡鋪增設一名其工食之多寡仍以衝僻爲差第詳見田賦及武備志

驛

曹娥驛舊在縣西三十里梁湖鎮名曹娥站元大德癸卯江濤衝壞尹阮維貞遷置縣治西明洪武初復移置舊所嘉靖間知縣楊文明移置江口建有驛丞署仍給夫

船迎送使客往來其舊址居民納價佃訖自遭倭寇兵興支應山積民不能供按院龎尚鵬奏革之其夫船等項仍存其半以梁湖壩官領焉

邑紳陳綰議略曹娥驛爲東路發腳之地每上司使客往來站船之外多用河船數隻站船止給過關米而河船則用銀僱覓其價直算至餘姚甯波或百里或二三百里之價蓋前路不更船雖量貼過關所得不多也舊無定價近年官定船一隻銀一錢五分然一旦緊急或有加至二三四錢者上司有限而鄉宦無窮上司之行李不多而鄉宦夾帶之行李不可勝計是故僱覓河船之費不貲矣舊例蒿壩迎送上司止東關驛支當以故協濟岸夫一十名今蒿壩迎送之勞上虞分當之矣而岸夫仍前不撤何也上虞夫役直至會稽縣不煩東關兌換而會稽夫役至曹娥驛交卸何也寃乎不平哉夫由新嵊而下者必經蒿壩是新嵊之勞吾兼之矣然新嵊東西非通衢也由山會而來者必由上虞是

山會之勞吾兼之矣然山會南北非通衢也至於諸暨極富庶而又偏僻其坐派差役恐不能如上虞之多自西自東自南自北無非官府絡繹之所有江有河有驛有壩俱爲水陸盤桓之地者八縣中惟上虞爲然卽如山會附郭兩縣亦衝繁矣然往西者夫皁出自山陰往東者夫皁出自會稽猶有更迭歇息之利況南北不爲通衢而百姓又多殷實其辦此不爲勞矣新昌無太積庫子起於正德年間兵部尚書何公鑑厚其鄉人之故總計徭役而津貼之此爲偏累而彼爲獨逸東關蓬萊船馬夫役獨不可量移而分派乎夫上虞極爲衝要不得他縣之協濟而反協濟他縣此所以財盡民貧而逃亡相踵也○縣令徐待聘曰思深哉蒲州陳公之驛議也惜無陳之當道者以溥仁人之利然其意止及協濟云耳若驛之受困又有自已明越浙縉紳之藪也娥江往來無虛日有用站河船多至數十隻者稍不快意鞭撻隨之而承舍又有折乾之弊前者方過後者又續該驛夫計無所出惟有典衣鬻子輾轉僱船支應求緩須臾之死而已何辜今之人而荼毒至此極乎每於歲終

更役哀哀控免者靡不頭搶地而口呼天余甚憐之嘗欲爲之稽覈則蜚語四起謂明越例固然耳安事㚖儂紛更爲嗟嗟驛以待皇華之客非以媚士夫也卽使士夫之體當全而民力民財不當念乎聊識以須不畏强禦者。以上萬歷志

國朝康熙元年奉裁驛丞歸併於縣據康熙志

案語云陳公縮所搤腕者各縣之協濟徐令待聘所憫惻者士大夫之給差勝朝優禮士紳與職官等例得乘傳往來悍僕叱咤驛夫哀號誠爲酸鼻業於崇禎初載概行禁革獨協濟一項各縣猶可虞代姚役不可言也山會之船至曹娥而虞受代當已若下壩爲餘姚所轄應於餘邑支應乃往來宰官夫馬旣憚更舟而姚亦無一夫隻艇相接虞舟迢遞至車廄而始回往返旬日何姚人獨享其逸而虞人偏受其勞李代桃僵大不平也崇禎間翰林丁進具疏爭之下其議所司彼此齗狗竟無有直其事者良可悼歎 興朝定鼎緊始驛遞一事壩蠹耽爲奇利婪包乾沒爾時山寇縱橫官兵調發雲集督閫旁午於道承舍移文絡繹不止驛蠹遂居中鉤

奇勒議里遞帮貼奸吏猾胥互相朋比所司驛丞於康熙元年奏裁令長漫不可否議每畝貼費至再歲而加三歲而倍加有增無損家愁戶哭計虞常賦每畝不滿一錢二分而貼驛反三錢五分里長少遲晷刻即督促自辦各里遞與驛壩爲遠情實不諳壩蠹故匿牛車藏船艘嗾悍兵驕舍百計廱索榜箠交至里長不勝困辱不得不拱手而倍輸其値中家之產一供里役立至摧破案全書所載驛遞人夫船馬額有常數給發有時里長止供催科不與驛事通邑怨憤莫敢誰何適原任靈川知縣成惟悌於康熙二年六月輪値應差痛私派之害民思剗其弊遂將梁湖壩蠹棍疊控五載奸贓狼藉根株蔓連幸督院趙公廷臣軫念虞民痛行懲禁勒石垂遠自此稍得息肩未幾會署篆新視事蠹乘間復萌惟悌以除弊務盡仍控藩司袁公批下所司鐫石永禁

一順治九年奉前任巡撫蕭題准自九年爲始其各縣有私派里遞帮貼夫驛銀兩盡行革除有朦朧容隱或告發或訪聞立時飛參拿究在案

一壩棍諸盛周體等冒扮上虞縣九都十都里長搆通官蠹私加私派

前任張令詳按院杜批上虞縣夫役原係額徵錢糧僱夫一百四十八名應差查全書甚明額銀何用私派以致里甲任憑夫蠹通同橫索屢經告發批究未結今見奉旨頒行嚴禁私派乃借題混稱里長自願領銀承值夫窮民僻遠甘逐日在城應差其誰信之無非借此一詳派夫各里滋擾追呼無所不至經承欺誑殊干法紀守紹道檄提車夫并玩法經承嚴究詳報 一康熙二年六月十五日上虞縣里遞成惟悌控撫院朱批應付夫差自有額設錢糧責成官僱豈得妄派里甲值月致累小民仰道嚴行該縣募夫頭承值不許加派里甲如違參處其額設紅船等銀歸之何處該道確查各年額徵數目逐款究審一併解奪 一九月十四日朱大鵬等四十九名喊告撫院朱押發守道轉送府廳會審仰府官吏即提詞內各犯到官會同紹刑官秉公確訊夫兜既有額設因何妄派里甲民田數萬畝每畝派帮銀三錢五分係何年加派何人條議奉何院批允又私抽鹽米貨船等項累百盈千是何奸棍分肥其額設銀兩歷年縣官作何開銷該縣備造歷年支應夫馬數目

文册限日內連人解道以憑確審連人解院定奪一
十一月內二十一都里長成惟悌等具告守紹道詳前
撫院朱批批曹娥驛既有額設官銀豈得濫派里甲致滋
苦累如詳勒石永禁不許擅派里遞如再故違一有告
發即將官役參拿仍令驛官領銀官僱夫船應差繳
一三年三月十六日二十一都里長成惟悌等爲憲天
愛民殊深事部院轉發守紹道會同府廳會審具詳部
院批既經審明如詳勒石餘犯如詳發落繳紹興府上
虞縣知縣鄭爲憲天愛民殊深等事又爲神奸已著等
事於康熙三年三月十七日奉總督部院趙巡撫部院
朱批行守紹道府廳會審奉批拘集各犯審得連歲加
增協帮之銀倍於正課里遞剝膚之痛匪朝伊夕成惟
悌者乃本縣二十一都一圖之里長去年輪值現年親
身承值赴驛應差惟悌欲照差撥給工食諸盜周體等
欲照舊得銀言語低昂釁端遂起以致惟悌具呈卑縣
盜等揑款上控當蒙憲臺親訊結案迄今惟悌之屢控
不休者以已田值月不甘居包役之名見私派已久欲
剔除通縣之弊耳查協驛之舉按畝加派每年計銀實

盈千百諸[盜]等藉值驛之勞勒索里遞之銀以肥已事誠有之但從前應差數目不能確指則所得之銀亦難指入已之贓今蒙憲臺設立循環稽查應付驛困少甦即有火牌過往額設官銀可以支應有餘況私加私派之弊已蒙撫憲革除該驛立石禁革相應再請憲臺嚴批永禁則虞民之受憲恩非淺鮮也等語訟經五載事大贓多恐滋株累止以協驛請詳禁革等因詳奉總督部院趙批既經該道審明如詳禁革繳又蒙紹興府理刑廳張爲憲天愛民殊深等事分守道王憲牌奉總督部院趙批道呈詳上虞里長成惟悌訐告等緣由奉批既經該道審明如詳禁革餘如詳發落繳一奉此合行知照爲此仰廳即便遵照憲批發落至協驛一事嚴行該縣不許私按田畝妄派里遞勒石永禁取 碑模報查施行等因奉行下縣成惟悌又於三年以無 旨無憲等事呈控總督部院趙及閤邑士民趙貞朱大鵬等於九月初八日喊告巡撫部院朱奉二部院批道行縣嚴禁私派勒石永禁繳數年漸得安靖康熙八年至九年乘許令卸事交代權蠹顔斌串通蠹棍漸復朦涵私派隨

於九年五月初十日里遞成惟悌復將前事呈布政司袁批府嚴審永禁隨有閤邑紳士陳大材等復公以訪蠹滅憲復行私派等事呈本府批縣勒石等因到縣據此看得驛蠹圍聚紥黨蝕邑嚼里冒支官銀肥抽客稅私加私派大干法紀叠奉憲批勒石永禁○以上據康熙志參嘉慶志　十年十一月知縣鄭僑洞悉值坊陋弊詳憲禁革凡上司經臨與衙署什件俱出清俸着禮工兵三房備辦並不取坊里一毫一絲永以爲例康熙志　至站夫工食等銀皆由臬憲領發嘉慶七年奉批由本縣地丁銀劃解據縣冊新纂

金罍驛　在縣治東等慈寺西宋慶元中知縣施廣求改爲旌麾亭廢久萬歷志

池湖驛　在縣西南五十里廢久萬曆志

百官驛　在百官市南明時建隨革今爲梁湖巡檢司署萬曆志

亭

禮記云開通道路無有障塞亭隨路建若不聯合以載則分裂割截非通衢矣今將闔邑路亭及亭之施茶者曰茶亭東西南北聯絡貫穿合爲一篇庶閱者了然不至臨行有迷途之歎

上虞東界餘姚西連會稽南襟嵊縣北亘後海凡通衢官道皆建亭以憩行旅出東門二里有東黃浦橋路亭在桑王廟前過橋西北有落馬橋路亭在橋北燬於兵女僧增元募建由東黃

浦橋東北八里有梁王廟路亭過新通明壩一里至東望橋有茶亭同治間趙如桂重建又三里有五雲橋路亭再過北八里有雲路菴路亭又北三里有九里廟路亭至此東界止矣東門官道之近南岸者一里有孟闞橋路亭在閘之東東南五里有鎮東菴茶亭光緒十五年車怡軒重修子玫助田五畝施茶又五里有湯橋路亭橋之東北里許爲朱巷有旋家亭光緒五年建由朱巷至謝家橋有青蓮菴路亭光緒十五年葉夢魚等募建由湯橋東南八里有黃竹嶺茶亭陳敬德建再東至後陳有嶽廟前路亭此餘上交界地也東門水道自舊通明堰

下離城八里有見龍菴路亭在江北岸同治三年葛守亭等復建再東有謝家橋路亭在北岸江以南內河水患洩築新安閘亦名橫涇壩壩上有防鎮菴茶亭光緒十五年重建過東八里有永濟閘路亭轉過南三里有西石橋路亭復轉南而東八字橋在焉則有曲江茶亭乾隆二十七年萬革六趙從嘉業捐建張鳳翥有記此旋而南　虞南道路崎嶇跋履維艱憩息之所多於他處出南門三里卽有葡萄棚路亭又二里至清水塘有通緣亭光緒十三年徐璋寶募建有儲嘉亭內有茶房光緒十九年陳載堂募建又三里至游僊廟有通發亭光緒十六年趙新發募建又二里至上舍

嶺有通澤茶亭同治間重建　又五里至路口街有甘露菴路亭亭外有分路碑由甘露菴路亭分道東南四里有黄洞溪路亭光緒九年重建　又二里至三官畈有廟灣路亭在東嶽廟旁　又五里至大石埠北岸有西康亭光緒十七年郭長生募建　過溪南岸有東安亭光緒十八年王錦標募建　又三里至雙溪嶺有三官殿路亭　又二里有龍角菴茶亭光緒十五年徐升堳捐建　又四里至青山廟前有聯峯菴茶亭　又二里爲下管鎮由鎮東進十里有大嶺頂路亭此處與姚地分界　由鎮西南進五里有白馬廟路亭　又五里由鳳桐樹過溪至蘆山有鎖石亭山上張家嶺村　由

鎮南進五里有塔嶺路亭嘉慶間石邦耀捐建由塔嶺路亭過槐
花橋至貴興菴三里有貴興亭光緒十五年捐建又三里至乾
溪菴口有仰山亭由仰山亭西南三里至馬家闕嶺有
登高亭光緒十三年重建古馬祠前由仰山亭東南五里至太平山
有水口菴路亭又五里至太平山半嶺有望仙亭光緒五年金日增募捐建再上嶺五里從東又五里有石門山路亭道光二十
五年趙思鼎建光緒二十年蕭日隆捐修由塔嶺路亭
過此五里大岊湖又五里與奉化地分界
二里至石壁嶺有新路亭又三里至通澤大廟有愛楓
亭同治八年重建由愛楓亭入陳溪至半嶴五里有泗洲堂路

亭又進東八里有羊額嶺路亭至此與姚地分界由愛楓亭沿陳溪水口過匯澤橋復過達溪通澤橋進生畈至下嶺聚秀菴五里有聚秀亭咸豐二年王殿孝王嘉林捐建由愛楓亭過匯澤橋進東南五里至珍坑水口有可憩亭光緒十六年捐建由可憩亭過虹橋進東南上前山嶺八里有柘園岭路亭又三里至隱地絳洙廟有對華亭光緒六年里人捐建過此五里與姚地分界

由甘露菴路亭分道西南二里有亭清菴路亭過丁宅街後溪橋又過前溪上橋至關山嶺十里有關山菴路亭又十五里至石溪有龍王廟路亭由東南六里至

泠巒嶺有霽泉亭由西南六里至東山有望月亭由望月亭過溪上橋五里有溪上菴路亭又三里至石窟有祖聖廟路亭又八里至基嶺口有香碓路亭又二里至新嶽廟前有新濟亭由新濟亭南五里至柏樹嶺有半嶺亭又五里有蔣山路亭又八里有茗花嶺路亭過北五里與嵊地分界由新濟亭東南六里有逕路嶺路亭又進南六里至白龍潭有四角亭又八里至滴水巖有橋頭路亭由逕路嶺路亭過通濟橋上龍眼嶺有佛山亭由佛山亭而上五里有龍慶亭過此入丹山由亭清菴路亭直行六

里有常山頭路亭又四里有横塘橋路亭又四里有泗水菴茶亭又十里有新市茶亭又六里有半路亭又七里有厲婆橋路亭一名漁婆橋又四里至管村有普濟亭由普濟亭東八里至南堡有甘泉亭再進至石溪有元壇廟路亭光緒間重建由普濟亭直行二里至章鎮由鎮沿江進三里有朱陵橋路亭由朱陵橋路亭東南六里至蔡宅有清源亭爲嵊邑往來要道乾隆間建光緒十七年管其興等募捐重建由清源亭十里至高泿墊有管符嶺路亭又十里有胡村橋路亭至此與嵊地分界由朱陵橋路亭直行五里有福蔭亭又五里

有落丈埠路亭由管村普濟亭過江進南三里有廣福亭光緒十九年金埊建又十里至箭橋有馬村路亭由廣福亭而西五里有黃沙衖路亭在馮村由廣福亭而東二里有中村畈路亭光緒十八年募建又三里有浦山頭路亭過此則地屬會稽矣　虞之西南隅迴抱娥江上自嵊縣抵台温下由會稽達杭嚴行商估客絡繹奔走於道途者踵相接不絕尤須於中路建亭俾息行李故在西南門外者出城轉而南五里有鮎魚山頭路亭又五里有五婆嶺路亭過此隸十八都爲南鄉矣對五婆嶺西北相間止

五里許有元壇廟路亭近北至梅嶼有如願亭光緒年間建
自鮎魚山頭過西五里有裏南嶴路亭旋而北又西行
至漁門村外有元壇廟路亭再北則爲西鄉之華渡橋
矣由漁門入南至黃茅嶺有路亭過嶺有閘溪路亭再
西至南穴有上菴路亭復轉而東南有爽氣亭在甲仗村慈雲
菴前光緒十六年僧永寶募建再行五里有指石山路亭在東山寺前乾隆間夏文
相夏桐封募建又五里有馮家浦路亭至此離西南城已四十
里娥江以左之路亭盡此矣渡娥江猶爲上虞十一都
地界則有蒿壩包公祠前路亭沿江而上離蒿壩五里

饅頭山下有雷神殿路亭在饅頭山麓又五里至江口有漳汀之萬緣亭又五里有崑崙之陶崑亭在崑崙山麓近會稽界者則有梅湖嶺路亭轉東有蔡山腳路亭在王家莊乾隆十七年建又有蔣家山路亭此地近章鎮在咫尺間矣 其在西鄉者出城五里有西黃浦路亭再西五里崔公祠前有棠蔭亭光緒十九年陳景仁募建稍過北二里有蓮生菴路亭在壩頭潭光緒間建過西五里有華渡橋路亭又五里有蔡墓橋路亭又四里至大板橋有永澤菴茶亭在朱公祠側返而東過王家堡抵周壆有新菴前路亭由永澤菴西行三里有

淨土菴茶亭在梁湖文昌閣西首光緒八年周天林等捐資重修并置河字號山四畝八分禮字號沙地九分信字號竈地四畝零姜字號田一畝三分零施茶又五里有沙湖菴路亭往南有樂善亭在外梁湖山頭光緒元年建由沙湖而西有福來亭有江磡頭路亭乾隆間顧名臣葛錫麟建至義渡處有一葉亭在娥江渡口光緒十年曹蒿釐局葉元芳建曹娥埸張汝楫有記過江則有百埠街路亭再西爲會稽管轄矣其自淨土菴之側轉而過北復趨西約五里許有龍飲亭在龍山麓再西有隱嶺路亭由隱嶺返東至裏外嚴等村有小板嶺路亭由隱嶺過西四里許百官堰上有義渡亭在舜廟左側道光五年姚邑楊立人母王氏建邑令周鏞有記在

百官市有舜橋茶亭乾隆間金允高建并捐田施茶中街有中鎮茶亭
王嘉謨建并助田施茶咸豐辛酉燬同治五年重建財神殿下街有包公殿路亭轉
北有穰草堰路亭道光十六年建至湖田有湖心茶亭在獨墩廟東北
已近北鄉矣自百官西行五里至後郭有利濟亭在舜江嗅
渡處二里至前江有柯莊茶亭與復凝庵毘連又十里有華澤庵
路亭在華澤口章子美助田十六畝施茶又五里有丁家埠路亭近章陸
有永濟亭光緒間章星齋前後助己田四十一畝二分零施茶又有小康亭在章家村
轉北六里有雙楓廟茶亭再北至夏蓋山是爲北鄉由
夏蓋湖沿塘而西有上茶亭在漾塘庵前至槎浦有汔可亭

嘉慶十年何雨蒼建并造指迷閣以便海舟夜行其自丁家埠過西南近西華有永福菴茶亭在蒲村雍正年建行西北七里爲嵩厦有萬年茶亭在東嶽廟右有張神殿茶亭道光十三年修又五里有太平菴路亭又五里有報德菴路亭又五里有包公殿路亭又五里有井亭菴路亭往孫家渡塘上有路亭咸豐間被燬邵培福建復連芳連蘅捐田七畝零施茶直至馬路頭茶亭在七都滋德菴前康熙三十九年何馮氏建并置露字號田十八畝施茶離城已八十里近瀝海所與會稽交界矣

路亭在北門外者五癸亭最爲幽雅離城七里在五癸山陽亭邊泉水味最嘉有助茶田碑一座亭久荒廢不蔽風雨光緒間里人宋棠重建添客堂三間繫以楹聯并

有記過北五里爲孝聞嶺有稱心亭亭內有施茶碑又五里有楊家溪茶亭在包公殿側呂恆泰捐建又十里爲和尚橋有尚憩亭在太平菴側道光二十七年建又北五里有大楊嶺路亭又五里有尚乘嶺路亭嶺下爲小越過東有關帝廟路亭自和尚橋沿河而東五里爲馬慢橋有陸度禪院前路亭在河北岸由馬慢橋而北三里有沙袋嶺路亭在龍王廟前由馬慢橋而東二里許至遺德廟有飲甘亭僧性悟建在五夫嘉慶七年尹軼倫捐荒字號田十畝七分零賈悅艮捐荒字號田五畝二分賈鎮垣捐荒字號田二畝田軒忠捐荒字號田六分零杜夢熊捐荒字號田一畝七分潘我均捐食字號田五分零同治十一年曹源盛續捐食字號田五畝五分零場字號田二

畝七分零施茶自此至長壩地屬餘姚矣由和尚橋過驛亭今亭已廢約六里有石堰路亭又西五里有佛跡山路亭在湖口乾隆四十一年王宗淸募建施茶尋圮道光六年重修同治十年王煢等復捐貲修葺并助田再西五里卽爲西鄉之穰草場亦名穰草堰其自小越至驛亭中途有泗洲塘路亭在小越西有堰頭路亭西而北有陸家溝之汎愛亭在四都地方近橫山道光間建同治壬戌二月粵匪設卡於此村民起義殺賊亭燬於火庚午里人捐資重建轉而北過謝家塘西行二里許爲夏蓋山有半山亭道光年建山下沙地一片環繞皆海虞北之地界止矣據嘉慶志虞乘刊補採訪冊纂

附廢亭

驛亭　在縣北三十里驛亭堰旁廢久正統志　國朝丁鶴詩泥溢百官渡逢人問驛亭湖連天際白山向雪中青帶濕衣偏重衝寒酒易醒十年來往路猶是舊飄零

旌善申明亭　明洪武初年建凡二十四所一都查湖二都湖頂三都小越四都橫山五都黃家堰六都思湖七都潭頭八都港口九都嵩城十都後郭十一都花浦十二都馮家浦十三都鄭村十四都灣頭十五都石塘十六都小陣廟十七都呂村十八都聖官廟十九都生畈二十都夏湖溪廿一都西溪廿二都九枝樟廿三都橫路鎮都五夫街里老於此理訟有不平者上於官今多廢萬歷志

文星亭　在縣治西文昌廟內里人陳灃建咸豐間燬新增

龍光駐節亭　在西門外使節往來於此停候明萬曆甲申知縣朱維藩建後卽西倉基內有三令祠志萬曆　今廢康熙志

仇亭　在縣東北一十里水經注○案顏師古注漢書云上虞有仇亭柯水出焉又晉書地理志上虞有仇　今北鄉有柯山溝疑卽其遺址志萬曆○亭舜避丹朱於此沈奎曰柯山溝乃夏蓋湖三十六溝之一又在縣北幾五十里與志云東北十里里數不合俞廷颺駁之曰秦漢以來縣治在百官則　今在縣北四十餘里已廢新柯山溝確是遺址增

觀風亭　在縣南明初改名接官亭正統間改水館亭左北有詔令亭右北有條教亭正統志參萬曆志　今廢互見古蹟志

照心亭　在尉廳後射圃池上並廢正統志

鐲役亭　詔旨亭　俱在縣學儀門外左右正統志久廢新增

濯纓亭　在縣學泮橋上正統志久廢新增

旌麾亭　在等慈寺西宋淳熙間改名懷謝亭慶元中改作金罍驛尋廢基屬等慈寺正統志

之明亭　在縣東二里宋寶祐中改名寅賓元改爲東橋鋪今鋪還於縣治儀門外其址民佃納租正統志

適越亭　在晝錦橋外元末爲回回拜佛堂明初廢正統志參萬曆志

接官亭　元尹林希元旣遷社壇榜其門曰停驂爲送迎之地正統志久廢新增

迎恩亭　在縣西元泰定中尹許思忠建久廢正統志

湖心亭　在西溪湖之陽久廢正統志萬歷甲申知縣朱維藩復西溪湖民至者日以萬計七日湖成乃搆子來亭於其側朱維藩有記萬歷志今廢嘉慶志互見古蹟子來亭

塔

奎文塔　在縣東二里明萬歷己卯知縣賀逢舜作林廷植今據萬歷志邑人張承賚碑文正叔塔兩層甲申知縣朱維藩成之記略皇上御

極之四載今方伯見田余公奉命鎮越每行部輒歎虞邑壤中隆而旁削山周環而一虧不飲其潤無以涵蓄風氣啓宣人文思培焉而未有當也會邑之東南山勢稍伏議建塔其上工且半而用屬弗給衆以隱田事請其逋稅於兩臺咸報可旣以聞於公公欣然曰是余志也趣下牘俾竟之已又進鄉大夫士而言曰是在堪輿爲巽巽而昂秀固善然以余所睹其漕水下趨東北日夜傾注無砥捍者則氣終洩而弗聚莫若修水口更佳先是水口有奎文閣蓋亦以障川之東而今又夾其會處屹立一塔以翼之使山水之精神交相映發顧不偉與於是卜日卽其地以標其址鳩工庀材經始厥事時惟潤南賀侯稱廉能率作之勤實賴焉無何公晉秩行而賀又以制去坐是弛輟若莽邱矣歲壬午淮陽貞石朱侯來涖政凡所興舉飈振雲集靡不中會未浹歲詢知其繇卽履其址延鄉大夫士召父老議之僉曰是役也費鉅卽有逋稅在徵之難中輟而議興更始之難侯曰不然是有成業而功之弗繼謂作者何遂以請於大府拙齋蕭公公善之畀俸以助曰無爲道謀是時余公

適秉憲來浙不忘棠茇故方思下檄問昔所建塔今作何狀而我朱侯先已命倕執繩墨坊埏埴諸役者胥操作而前矣具以對則公欣然謂微令賢孰成予志是虞所徼福也夫侯喜上下相信蓋殫心經營不取足於逋稅而用弗告匱不亟煩乎民力而功已次集閱數月而役人告成事侯於是偕鄉大夫士召父老觀焉則見欒櫨疊施粢甃并列上薄蒼漢下勒奔流蓋瀛壺閬風在襟帶間矣侯顧而爽然樂也以爲張子與知顛末乃屬記之。萬曆志 明季圮邑紳陳美發議重建同時議者相左遂中止康熙志 康熙九年知縣鄭僑擬捐俸建復不果嘉慶志。王煦詩八傑由來仗地靈奎文遺跡炳丹青幾時鍊取媧皇石重補天西十六星

起鳳塔 在縣東五里爲邑之巽峯明萬曆丁丑知縣林廷植捐俸百金倡建塔於車郎山上傍有菴萬曆志

文昌塔　在六都嵩鎮北嘉慶志

啓文塔　在縣南塔山之陽舊以磚砌乾隆四十九年湖溪丁氏重建易石周圍六丈高七級級各一丈塔前後有二額一曰斯文蔚起一曰砥柱中流據採訪冊新增

應乾塔　在縣南二十都明萬[曆]庚子徐希明徐惟賢建據採訪冊新增

義產

積善堂　在縣治西南舊係新令到任公館計屋三十餘間同治四年知縣王嘉銓籌款買民房置歲久坍塌光緒十七年知縣唐

煦春暨邑紳經元善等公議改爲善堂籌款重修議新令到
任庫戶等書先期知會董事借此堂暫住數　是舉共捐
日其安衙等件仍歸庫戶各書照舊承辦
洋一萬五千八百元　邑令唐煦春捐二百元邑籍山東
巡撫張曜捐一百元邑人經元善
在滬募捐六千元經交先後稟請籌賑局憲撥四千九
百六十三元由董補足五千元陳仁趾堂捐二千元由
縣稟奉撫憲崧撰給保赤爲懷匾袁杏雨書屋捐八百
元羅申祿堂捐三百元虞北司董合捐六百四十元袁
九如堂滬捐五百五十元謝潤德堂捐一百六十元張
延記捐五十元　已上捐洋除提存一萬三千元存典周
生息抵充每年用款外其餘田五十三畝五分有奇凝
充作歲修及開辦一切諸費
遠堂捐金字等號田二十八畝一分四毫袁介祉堂捐
列字等號田二十一畝四分徐敬義堂捐弔字號田四
畝三釐四毫陳敬仁
堂捐竈地四畝六分　備案勒石以應育嬰及一切善舉

之需唐煦春記略余自同治間來浙需次見會垣同善堂規模宏闊舉凡濟人利物諸善事悉歸之堂竊歎生長是邦者好善如此誠為善如此勇其所以起人文多顯秩簪纓世族繼繼繩繩皆為善力也光緒二年余承乏古虞下車後常以積善與邑人商僉曰籌資難嗣奉調署山陰錢塘諸劇邑丙戌歲又回斯任知邑人殷殷向善與我之殷殷勸善心相印遂商之經紳文等集資鉅萬存質庫取歲子金暫假一廛開辦第事就緒矣不有堂以實之猶類虛懸費亦難推而廣適有好善之士各願解囊以成善舉余亦分俸助之因查署前右邊有官屋一所日久失修即以此改為積善堂圯者更之頹者葺之一門樓低小擴而高之需費千元有奇厥後有新令履任仍借此堂小住數日司事暫居牆門右邊二間右側一廂二間外人平日不準借住諭庫戶各書知會董事此一舉兩得之道也由是育嬰孩創義塾與夫施醫藥牛痘及施衣粥棺木擬次第推行將救生命於斯贍貧寒於斯療疾病於斯養蒙作聖亦於斯何難分會垣之善為吾邑培元氣哉爰泚筆為之記併書紳

董姓氏經元善袁天錫屠成杰陳渭袁崙經湛羅耀南李品芳嗣後續捐洋共七百四十一元有奇陳渭在上海募捐洋三百四十六元六角八分同時屠成杰募捐洋二百八十四元四角陳卿恩募捐洋八十元虞邑鹽公堂募捐洋三十元積年捐置共田地六十畝有奇光緒十八年朱同本堂捐助伏字等號田一畝六分二釐二毫又助伏字號池三釐倪美九堂捐助元字號田一畝三分二釐七毫十九年季三畏堂奉憲撥奈字等號田十五畝五分一釐九毫七絲朱寶源捐助沙地八分顧子珊遵遺命顧馥園台捐助鳳字號田三十畝九分三釐六毫葛學元葛鳳墀葛震鏞葛學廉遵父遺命捐助元字號田共五畝五分零二十年復遵母命捐助鳳字號田四畝五分二十年提當存款置鳳字鳴字等號田六十餘畝以上據縣冊採訪冊內有牛痘局唐煦春記略施種牛痘爲保全嬰孩良法盜滬風行著有成效經紳文彷而行之盜巡道薛公

福成深以爲然自光緒十二年始每年認捐廉銀二百兩踵其任者吳觀察引蓀亦如之所謂蕭規曹隨久而勿替不敷之款通飭山會蕭餘上五邑籌捐每縣歲以六十兩爲率前任王令承煦先捐廉五十兩煦春回任至今共捐廉二百九十兩以期相與有成現牛痘局歸城中積善堂辦理縣中每年捐廉六十兩應由善堂董事具領庶責有專歸而事可永久今又有育嬰堂及義塾章程俱詳載積善堂徵信錄以上據縣冊採訪冊新增○案嘉慶志載有育

因善堂落成復爲牛痘臚其巔末

嬰堂在縣署西典史署前僅存屋數間其餘遺址嘉慶三年知縣方維翰建造常平倉今廢

養濟院　在縣西南門外萬歷志已圮光緒十一年邑人莫鑅捐貲建復十七年知縣唐煦春照會積善堂董事每年酌量修補以期完固新增

惠民藥局　在縣前西南偏後改爲社學即古小學萬歷志

今廢嘉慶志

歸安局　在縣北三都祝家山之陽咸豐七年邑人羅寶塋創議暨經緯陳淮等捐資建令劉書田撰記余任天台時有八十老儒陳先生者好行善設義冢瘞骼余心竊慕之詢其事隔兩年一舉行是年適値掩埋期余請於先生曰願捐廉俸爲費經理仍勞先生先生許諾至期余往觀見於小山巓開土壙壙各砌以甎上覆石板加土焉男女以類從不使雜處余深嘉其敬謹後余調諸暨署秀水兩邑人士有善行者亦復不少然欲求如陳先生之敬謹不可得也回思已十年矣不意於上虞又得國子員羅生寶塋生孝友稱於鄉余初不識得聞於吾友鹽運同知袁君注袁與生同里且相善一日余與袁君言及陳先生代余掩埋暴露事袁君曰吾鄉有羅生者道光三十年江

潮横漲官塘衝決暴露棺木隨波漂處羅生與其弟寶善寶琛雇夫撈取於洪濤巨浪中得三百餘棺葬之山今又搆石板備畚鍤欲爲掩埋計惟舊山已無隙地而新山尚未買也余曰羅生巨富耶曰否中人產耳特性好善故孳孳焉樂爲之且族黨戚里知其好善之誠也多願爲捐助是以經費亦未嘗有缺余瞿然曰此眞陳先生之流亞也余欲買山爲義塚地也久矣不得其人故此願未償耳君盍商之羅生吾欲捐廉俸百金爲買山資可乎袁君曰善與人同君子心也何不可閱兩月羅生果持買山契來余始得見其人彬彬然儒者如吾友所言洵善士也山九畝零坐三都王牌下畧內往宇三十一號又往字二百二十二號立劉公戶輸糧歸安局完納余喜曰余十年之願未償今得羅生償矣羅生曰此公功德也乞一言以記之余曰生力哉余何功德之有無已請即吾前後所遇合者書而與之且勉之曰毋始勤終怠必如陳先生之敬謹年八十如一日也則善量益大而福田益厚矣是爲記

臺門正廳及耳房共十三楹爲董事

棲息所旁又建平房兩進凡十間後任管局人前置棺木及埋葬器具并置田產五十畝作修理費餘姚朱蘭有義塚記又措屍場經費稟縣詳憲批准舉行羅寶埜撰記咸豐丁未余承先志接辦歸安局義塚事越五載工竣適經翁芳洲過訪謂當今刁吏蠹役藉勢擾民弊難勝言而勘尸一事爲尤甚若能籌其經費定其額數稟請由局開銷毋許株連鄉里如是則吏役之計窮而小民得安枕矣余深韙其言而將以舉行時浙江寇氛逼近警報日至辛酉冬粵匪犯虞余避難申江迨匪平還家芳翁又言及之且謂上海輔元堂曾有此舉條例甚詳遵而行之可也因袖出一卷見示余以擾攘初定財力困頓而三弟二弟又相繼逝世未之能行乙丑秋芳翁督修海塘積勞病故余痛且駭并恐負長者之言也丙寅正月親友畢至余詳言巔末而苦力不從心幸座中田君伯周稟商伊叔舜雲助田四十畝零莫君萱庭助田二十畝零吳君月樵

助田五畝零見諸君各有善根爭先創捐事有端倪乃述諸芳翁長子連山次子樸山二人亦知先君遺意慨助田十六畝有奇余自助田五畝山八畝嗣後徐君友笙助田五畝各親友亦陸續輸捐無少吝者遂仿輔元堂章程略爲增減稟請邑尊王公通詳立案蒙前臬憲王面給護照告示撫憲李飭令浙省各州縣一律舉行虞邑爲則而惜乎芳翁之不及見也蕆事後爲略敘其緣起如此○據採訪冊新增

附屍場經費

同治六年歸安局紳羅寶森羅寶堃經元善等稟請虞邑路斃浮屍其無傷痕者該地保赴局報明均由局備棺收埋其有傷痕及謀故鬬殺自盡等案報明公局一面赴案報驗所有隨從書役人等屍場驗費悉由局中

捐給毋庸屍親犯屬證佐人等再行出費嗣經臬憲王
批準出示禁止書役不得分外苛派勒索備案立石
一憲定屍場費刑房五百六十文招房五百六十文傳話五百六十文代書二百六十四文原
差一千一百二十文押驗地保五百六十文紅快五百
六十文禁班二百八十文值日四百四十九文門房一
百十二文茶快一百十二文軍轎二百二十四文件作
八百文屍格二百二十四文衣箱馬杌一百十二文鋪
司一百七十九文清道一百七十九文金瓜一百七十
九文軍牢六百四十文轎班八百文欉班一百七十九
文外加硃墨筆四十八文手巾四十文紅布五十六文
芸香蒼朮九十一文燒酒九百六十文土作四百四十
八文小夫二百二十四文吹手三百三十六文炮手二
百二十四文粗紙二百七十二文肩牌一百十二文每
次小轎船價不論遠近
共給錢四千八百文

一憲定勘驗路斃浮屍棚廠經費屍格二百五十六文仵作一百八十文原差二百十五文差役二百十五文值日頭役二百十五文紅班二百十五文門房九十文禁班九十文刑招房三百四文值堂八十文傳話一百二十八文掌轎一百七十九文馬杌衣箱九十文茶快九十文舖司軍牢轎傘九百八十六文大傘四十五文壯班九十文清道三十二文樣板三十二文金瓜三十二文花炮二百二十文隨轎一百二十八文外加硃墨筆四十八文布三十八文芸香蒼朮草紙九十文燒酒一百二十八文搭廠一百二十八文搬屍小夫一百二十八文

一縣定臨場攔驗照屍場經費減半給發

案以上一切諸費俱由邑人捐助田畝內開銷同治三年田繼善堂捐本邑盈來暑食場字號姚邑調字號田共四十畝四分八釐二毫五忽莫元善堂捐張來暑往字號田共二十畝二分五釐二絲六忽經歒修堂捐食

時豐字號田共十六畝四分七釐一毫四絲徐友笙房捐荒字號田共四畝七分八釐八毫七絲八忽羅致堂房捐暑字號田共四畝九分九釐五毫二絲又捐往字號山八畝吳介眉堂捐往字號田五畝九釐二毫楊敷文堂捐來列字號田三畝九分七釐三毫二絲五忽袁錦標房捐往字號田一畝四分三釐八毫吳咸若房捐往字號田六分吳恒若房捐往字號田二分　同治五年將各戸捐資置得暑字號田五畝九釐八毫往字號田二畝二分九釐二毫　同治六年續置食字號田一畝八毫五絲暑字號田共五畝八分三毫二絲五忽來字號田三畝五分四毫　同治七年續置暑字號田三畝三分七釐六毫六絲公字號田二畝往字號田二畝一分八毫三絲荒字號田七分　同治八年續置往字號田十一畝八分一毫八絲宿字號山四十二畝八分六釐　同治九年續置來字號田四畝八釐一毫八絲一忽暑字號田一畝二分四釐○以上據採訪冊新增

捍海樓　在八都七里孫家莊同治九年邑紳連仲愚捐

貲創建前廳後樓臺門側廂十五間又平房十一間爲管塘停息工料之所又捐置田三百畝爲歲修費採訪冊○陶方琦有記載水利

敬睦堂義莊　在九都上黨莊邑紳連仲愚捐置田五百餘畝散給錢米立有條約未及建莊貲志以歿其子連芳連蘅等遵遺命於宅旁建義莊計屋二十五間續捐田六百餘畝曹江義渡田二十五畝零光緒十三年奉旨旌表建坊山陰沈寶森記略敬睦堂義田千畝創自樂川連公而繼志者穆軒擷香兄弟也公平生好施常欲置義田以贍族鰥寡孤獨者月餼之米貧者歲給之錢婚有助喪有費義渡義塚以差捐產兼置水

龍以備不測懷此者有年而事多阻格至暮年卒踐其言又得賢嗣以竟其志甚矣集事之難也夫公以數十年之志卒償於晚歲而其難且如此穆軒兄弟以數年心力遂其宇廣其畝遽慰先志以告成其難又倍於公世俗澆薄豪門多坐擁倉箱錙銖必較不屑分潤又忍心刻剝窮民而不知足連氏一家急公好義爲人之所難爲若於志奢力薄蓋傾家以集事者屢矣要之寄懷高遠所見者大以視晚近世族但圖目前何如嗚呼若連氏者可以風矣

○據採訪冊新纂

大查湖公田　在一都竹公山對岸計墾田十餘畝歸典史收花作每年軍犯冬衣費據採訪冊新增

徐氏義田　在縣南二十都下管明徐文彪置田四十一畝賑濟族人明謝瑜撰記義田古之人有行之者范希文其尚矣義田記古之人有作之者錢公

輶其尚矣希文義田之規備見於公輔之記希文之義溥博而有差公輔之記制詳而義盡也吾邑雙溪徐公文彪爲義田以贍族其季子世和氏於京邸屬予以記之余無公輔之筆惡能記徐氏之義田哉於是舉公輔之記希文者以告承其志脩其業充而廣之無讓希文是在世和氏兄弟耳其田四十畝每歲宗之長者擇子姓能者司其入儲之祠堂之後俞歲終稽族屬之乏差其等而周之春之季夏之仲周之如歲終焉遇有婚喪不能舉者量給助之不以時限田之數與其落處并勒於左以爲世守○據採訪冊新增

羅氏義支堂　在縣北三都道光二十六年羅其剛捐資

羅祺受記略族兄其剛與其二兄於道光季年捐錢八百千設立義支堂爲賑孤恤寡費既而以經費不足復捐錢四百千置田二十餘畝於本姓三房一支按口給糧餘貲存息以待不時之需又另捐錢二百千置産收花爲孤子讀書脩脯之費其所以成就孤寡者慮至周而計至遠也爰記其巔末而勒之石○據採訪冊新增

羅氏申祿義莊　在三都六巷庄邑紳羅寶鏞建造正廳廂房書樓側廳倉厫并安置水龍所凡三十一間置田及地一千一百五十畝零市房四所共三十八間山八十五畝零散給錢米以贍族中鰥寡孤獨貧老及年長無力婚嫁疾病無貲醫治者並立義塚埋葬義塾課讀諸善舉畢備光緒十三年稟縣批準在案未及詳憲遽歿子瑞鎬瑞騄瑞騂孫啟楣啟暄克承先志合爲辦理議立簿正出入錢米公同核算登記年終造具清冊報縣瑞騄復置附義田十七畝以資接濟二十四年七月

瑞鎬等稟請知縣儲家藻詳藩憲惲撫憲廖會同督憲邊督學憲唐奏請　旌表　據縣冊採訪冊新纂

義冢　義冢之設爲窶民無地或客死無歸者瘞埋所上虞自宋始設義阡至明各都分設義冢國朝因之其間有官地有民地捐捨者今分別時代一一載之

宋義阡　在縣北後山下邑士劉漢誼地廣二十五畝因縣令張志立有意惠民遂舉地以葬死無歸者又縣西門外有地四畝亦此類也今皆廢正統志

明各都分設義冢　案萬歷志義冢門有舊冢新冢之別其云舊冢者乃萬歷二十八年前所設之冢其云新冢者乃萬歷三十二年後知縣徐待聘奉撫臺尹檄嚴督各都置義冢時所分設今不分新舊併錄

如左

一都附近新通明壩山三畝太平菴趙五道人捐又近驛路山二十五畝方志達捐

二都山一畝四釐四毫王洪捐地一畝趙邦佐捐地一畝零朱滙捐以上萬歷志

三都倉基七畝零亭基一方俱官地係萬歷甲辰知縣徐待聘改爲義冢丙辰邑紳李廷瑚以地勢窪下不堪掩骼捐辰字八十五號松山十畝易之萬歷志康熙嗣志參嘉慶志以牛羊踐踏骸骨暴露光緒十年經氏築牆圍護採訪冊

四都亭基二所約地二畝零又徐用寅捐山八畝坐厲家嶺側

五都在夏蓋山西湖邊大村處所貼塘約官地四畝

六都在雀觜畈官地十畝

七都地三畝二分金政佩捐

八都在譚村荒地六畝

九都劍字號官地三畝零號字號官地四畝百家廟基地二分岡字號地七畝

十都在外梁湖高阜地六畝七分尋没於水無遺跡又

茅遵化捐山七畝零

十一都在漳汀畈官地二畝零又黄泥山智度寺基地四畝

十二都沿塘塗地十畝

十三都在蔡山渡側官字號荒地十一畝零

十四都在龔村畈官地十三畝

十五都山八畝王敏敬捐地二畝二分五釐魏文泮捐

十六都山三畝闞循捐又地一畝三分翁某捐又地七分零李儒捐

十七都南倉基地十畝零亭基地二分九釐馬十金捐地三分九釐已上萬歷志

十八都一在萬金菴側陶字號地二畝丁魁捐一在爛大菱山唐字號山三畝丁朝捐據萬歷志及採訪冊

十九都在塔灣畈荒地十餘畝

二十都在石埠西畈荒地約十餘畝以上萬歷志

二十一都一在西南門外養濟院前地七畝明正德間葛廷貴葛世民同捐萬歷志所云舊冢即此一在楊婆橋官地七畝又近西溪山十八畝成經成第一同捐萬歷志

二十二都一在縣西門外舊名漏澤園此冢係明初置正統志云在縣西門外有地四畝當卽此一與舊冢隣此係萬歷二十八年知縣胡思伸置其云舊冢者卽漏澤園一在縣東花園畈黃家㴽東此亦胡思伸建又愛字號地五分二釐五毫又絶戶楊坤四地九分七釐五毫萬歷志

二十三都一在橫山案山字沈奎刊補謂當改路字王氏備稿謂二十三都原有橫山今從之廟邊竹字等號地一畝零趙大化捐地七分宋深捐地一畝四分張成捐荒地約四畝一在黃竹嶺廟邊地一畝三分趙志趙瑞同捐地五分趙孝捐地八分趙乾捐體字號地一畝四分姚文達捐萬歷志

鎮都一在甘家嶴口百家廟基約地七分一在姜西嶴口山路下陳七郎廟基地一畝據萬歷志參五夫志

國朝增設義冢虞邑經粵匪之變義團抗敵蹂躪彌深同治初司道府憲札諭收埋遺骸及浮厝屍棺六年奉

諭旨勸令紳富捐置義冢九年試用訓導沈玉林在東南鄉收亂後殘骨於附近土名蘿巖山丁石家兩處作冢試用訓導蔡振勳在城西兩鄉收殘骨於附近土名橫山頭土地堂作冢邑人羅寶堃在北鄉收殘骨於附近土名陳家山下作冢光緒十三年臬憲蕭札飭上虞縣知縣令紳董設法收埋分別男左女右編號立石縣令唐煦春捐廉分給四鄉紳士設法募捐以資濟接嗣經王耀紱連芳等置買山地舁棺安葬稟請在案於是各處皆有義冢今仍照舊志分都記錄

一都一在東門外官山棋盤石左邊地三畝此冢係國初時置

漸墾爲地光緒十三年知縣唐煦春諭禁開掘永爲義冢一在祖一房村後一在西小壩上一在竹公山頭近大查湖一在十八里河北岸新石橋西一在大閘南一在蘿巖虎頭山下黄字八十九號九十九號共山九畝三分五釐葉聯輝捐置一在蘿巖山脚下車衖黄字二百二十二號山一畝葉煌捐一在雨山廟後宇字五十五號山六畝一分葉春肅捐置

二都一在楊家溪半路橋側里人趙淞趙璠等捐同治元年北鄉起義粤匪至半路橋殺傷義民無數趙淞等即於其地撮土埋葬歷年清明致祭一在半街菴側外築圍牆

三都一在小越南山列字一百五號山十畝爲别姓埋葬所列字一百三十二號山十一

畝七分四釐二毫爲袁氏本姓埋葬所袁天錫捐置一在祝家山冢外築圍牆樹以构橋沙袋嶺麓葫瓜瀝王牌下杜郎嶴羊山等處俱係歸安局分設里人經緯羅寶堃陳淮等募捐置

五都一在夏蓋新廟後名太平莊歲字號田二畝三分四毫嘉慶八年里人王懋昭捐〇嘉慶志一在華山菴側歲字號田二畝六分零一在新嶽廟東歲字號田十一畝零並造石底蓋磚廊二百餘穴光緒十年里人王濟清置

六都一在槎浦村東雲字號田八分郭餘慶堂置一在金瑪劉村西調字騰字號田共九畝六分零光緒十四年連敬睦堂捐置

七都在張家埠村南露字號田五畝朱㴰銑捐置

八都一在港口村生字號地一畝一分六釐七毫水字號田二畝二分二釐七毫里人邵棠等捐置　一在埄頭村高墩霜字號田二畝零陳天麟陳瞻山捐置　一在資立石善莊玉字號田六畝四分光緒十三年連敬睦堂捐置

九都一在呂埠莊出字號田一畝二分九釐咸豐三年呂連甲捐置又出字號田一畝光緒七年連甲子松泉捐置　一在大樟樹下號字號田七畝二分巨字號田五畝三分光緒十三年連敬睦堂捐置　一在雁埠莊珠字一千一百九十一號田二畝九分光緒十四年趙金法同章鍾元捐置　一在章家村東首珠字一千二百七十六號田一畝五分廟產公助又珠字一千一百九十三號田八分六釐五毫章承志堂捐置又稱字三百七十號三百七十三號共田五畝二釐三毫光緒十七年奉　憲開辦掩埋里人章達顯檢收各處暴骨用磚結墻覆石加土分別男女挨次埋葬嗣後

每年冬至照章辦理賫由賑捐撥一百三十六元章達顯與同志隨時捐助永以爲例

十都一在百官孫家灣李字三百七十一三百七十二三百九十三號共山十六畝九分八釐光緒三年谷震谷瀚同捐置○據縣冊

一在前江村湖墩上暨聖恩寺東此係舊冢又出水橋對岸果字號田四畝零金鼎金元等捐置冢前有碑只准挨葬毋許亂埋

一在聖恩寺舊冢東時字號田十一畝九分光緒十七年里人章崑趙恩元金元金煜捐置

一在蔡嶴大覺寺前光字號山二十九畝零光緒十四年王耀紱等勸捐置此山係大覺寺僧福賚捐助邑紳王耀紱等以僧旣助立義冢將同善堂內積存餘錢一百三十千文暨曹王氏樂捐洋二百元免買山地作冢郎以此款交僧福賚助作歲修立議備案並以旣設新冢請示永禁重字號晾網山舊設義冢埋掩叢密處毋再掘埋添葬

一在潘家陡日字山八分宋姓捐置

十四都一在章鎮姜山下虞字三千三百四十號地一畝七分五釐虞字三千三百四十二號田一畝九分九釐六毫光緒十八年邑紳金埜捐置　一在謝墺花園衕左側

一在章埠後荒地　一在江濱沙地道光間知縣龍澤澔

勘定豎碑作義冢

十六都一在關帝廟前地一畝零　一在蔡宅讓字號山十五畝零蔡姓捐置

一在陳莊位字號地二十餘畝陳姓捐置

二十一都在南墺松園坐字號地

二十二都在後山莊山地共四十畝零邑人陳惠生等募捐置立碑

二十三都一在横山舊冢旁鳳字號地共二畝四分零羅家友捐置　一在

永和市西南地十餘畝○以上俱據採訪冊新增

鎮都在徐山即西後山食字八百三十一號八百三十二號共地二畝五分五釐杜邦憲捐置○據五夫志新增

義塔附志倣鄞縣志例增

義塔一在城中北司土地祠左右一在東門外文昌閣之側一在南門外吹郎壩上伏字號地一在西門外蔡山頭鳳山麓光字號地一畝九分三釐一毫里人祝燦捐置作義冢并建義塔一在裏梁湖沙湖菴側建義塔三座康熙間張大義陳必聞捐置

一在百官龍山麓一在蒿壩花紋嶺東鱗字號山二畝

建普遶廬一所大石塔兩座築石牆圍護據嘉慶志王氏備稿暨採訪冊新增　一在鎮都徐山後有塔採訪冊

案萬歷志載造葬修築之法一曰各處義冢地里有限待埋無窮若任其隨處亂埋匪直易於盈滿且日久必至沓葬是欲掩新骼反棄舊骸矣今後如置有義冢先令委官逐一丈量通計若干分爲幾壣畫定界限每壣橫長九尺闊八尺葬棺二口蓋以一棺長六尺闊三尺兩棺長闊皆六尺四圍坑口各留闊五寸坑沿各五寸上下各加五寸以丈量法計之一坑長九尺闊八尺積得二弓八尺八寸算地一釐二毫每地一畝大約開坑九十八口可埋棺一百九十八具其掘土以深至五尺爲度其低陷處所恐有水浸亦須深三四尺面上仍堆高三四尺形如馬鬣各以遠處起土不許將冢地掘挖成坑如第一壣葬滿方於第二壣葬起仍先於地面逐壣畫坑若干編立字號預報在官及葬棺以後報云某月某日葬棺若干開坑自某字號起至某字號止以備

稽查庶地無虛費棺無沓葬矣此造葬之一法也一曰各處義冢置碑立界原以杜豪右侵没之弊可垂永久第土葬之墓易於坍塌若不時加修築責以看管年深月久棺腐土頹頑民縱放牛馬踐踏難免暴骨荒邱須責令地方見役看守不許侵損仍於每歲清明時官給夫役將各葬過屍棺上面加土一次委官亦於此時親至義冢巡行有空陷者修築之浸汚者疏導之仍具給狀以備稽查庶各冢經久不至崩坍矣此修築之法也

二說堪爲設義冢者取法今附錄之

施材局

近仁堂施材局　在縣治西南河岸乾隆間邑人陳松巖陸辰章捐置垂字等號田十七畝零爲施材費棺儲等慈寺後松巖子百忍暨黄得陽等捐資創建施材局又

續置田產平字號田共十畝七分育字號田一畝一分九釐問字號田二畝六分一釐道字號田二畝迨咸豐十一年粵匪之變百忍子雲波與陳雲亭馬靖也搜埋路屍計百餘穴幷集資置山二百餘畝一在乂袋灣育字號山七十二畝一在羅家㘰戎字號山五十八畝一在搗臼㘰首字號山四十畝一在皁李湖象山河字號山十五畝一在胡瓜舍駒字號山十畝一在夫人廟後育字號山十二畝各設義冢據採訪冊新增

樂善堂施材所　在十九都通澤廟右廡里人公捐置產十餘畝爲施材費據採訪冊新增

同仁施材所　在縣南二十都管溪徐東明捐置田產周字

號田一畝三釐發字號田一畝七分四釐八毫附字號田三畝零作收殮路屍棺槥埋葬費據採訪冊新增

蔡山頭同善堂施材所　在縣西十都蔡山頭嘉慶間邑人朱文紹等捐置田產河字號田共六畝四分八釐五絲光字號田共六畝四分二釐一毫海字號田共七分五釐重字號田共一畝四分五釐六毫爲施材費據嘉慶志及備稿新增

百官同善堂施材局　在縣西十都百官鎮乾隆間里人陳天德等創施材會道光十年王啟盛等捐資建局同治十三年季汝賢等籌欵并得陳王氏助錢增置田產內舊董置果字號田一畝三分七釐珍字號田共七畝七釐李字號田共七畝六分八釐六毫柰字號田共九

畝六分連地在內夜字號田三畝六分二釐六毫和字號田共四畝五分時字號田二畝六分五釐附時字號田共五畝一分後季汝賢續置得桼字號田三畝九分有奇時字號田二畝五分又陳王氏助錢置得時字號田三畝一分爲施材費其餘錢每年冬至後埋葬浮棺據採訪冊

新增

映泉施材局　在縣北小越市咸豐間莫元禮袁麟吳江顧秉楂袁紹翰捐資建并置辰列字號田十三畝零以歲所入花息施材尋費絀麟子崙募捐接濟採訪冊

存仁草棺會局　在十都總管廟社倉內里人王德溥王燿紱柴毓秀陳淵藻周丙祺等捐置田產鱗字號地一畝七分零信

字號竈地二畝信字號竈田五畝沙字號竈田三畝零百宮園竈田四畝又信字四十號竈田六畝零禮字號竈田三畝零附沙字每年冬至自唄網山上下兩㟁西五十九號田九分零

湖㟁趙埠㟁長龍山沙湖菴後墩打鱟岡大山埠頭大湖底窰家山羅家墩官河沿磡等處有家貧及子孫外出并乏嗣者浮厝草棺買草增蓋并年久棺壞子孫無力掩埋者備棺安葬如有不願公葬者先期插標記認以免臨時誤葬據採訪冊新增

體仁會施材所　在五都謝家塘設新祠堂內里人謝品等建採訪冊

續置義塚

案光緒十七年紳董經元善等以江海沿塘荒塚纍纍會同姚邑紳士稟請撫憲撥給賑款飭辦掩埋並各分段捐置塚山田地由縣造冊詳請豁免糧賦

百官塚田四畝二分八釐　糜恆德堂捐助

章家塚田二畝九分零　歸安集捐助

西華塚田十四畝八分零　顧敦仁顧繩武周芑生桑東法羅詒德捐助　又田五畝二分零　衆姓捐置　又地二畝六分零　顧百川夏有林捐助

呂家埠塚田一畝八分　呂開榮捐助

譚村塚田六畝七分零　衆姓捐助

瀝海所塚田二畝四分零衆姓捐置

横山龍繞畈塚田五畝八分零衆姓捐置

茅家溪塚山八十二畝七分零經敬修堂捐助又山八畝李紫來堂捐助

又山八十二畝七分零公款置

九都地藏菴後畈劍字七百二十六至四十四號田六畝三分零夏嘉績遵父光熊遺命置光緒丁酉立案示禁○以上俱據採訪冊新增

上虞縣志校續卷三十六

學校志上

學宮

文廟　在縣治東南六十五步嘉泰會稽志宋慶歷甲申始創基廣一十四畝紹興初知縣王恕建堂曰命教甲戌知縣葉顒斥而大之乾道壬辰尉沈渙重修湻熙甲辰知縣劉篔大修闢東偏地爲射圃邑人豐誼記略虞自漢號爲名邑宋興列聖崇儒右文以化成天下自慶歷詔書行學官始徧於州邑縣之黌舍蓋鼎盛矣中燹變故僅存綿蕝紹興甲戌莆田葉公宰虞悼士氣之不振乘政力之優餘因命斥大其制會公受知主上引以輔相不無未竟之業湻熙十

一年令吳興劉筥下車奠謁有志興葺規橅中定方發其謀明年九月首撤宣聖殿盡去腐材斬然一新行覽四周次第營繕凡爲學之屋三十間斷壞者盡剔傾仆者畢扶丹堊煥鮮人用改觀尋增墾東偏茀地芟薙草莽闢爲射圃張侯棲鵠其中以爲諸生習威儀而觀德化之地是又向來之闕典今而燦然備矣工既訖事門序閎深戟衛森植俎豆在列旒冕端臨吏氏交口贊說喜葉公之政爲有繼也誼故樂爲之書○案是碑立於淳熙十四年六月戊申知縣戴闓之改命教堂爲仰高慶元中知縣施廣求始鑿泮池架木爲橋嘉定甲申知縣樓杓改建仰高堂爲明倫堂建櫺星門於泮橋南元至元甲午舊志作甲申是至元二十一年案王璘於至元二十九年尹虞今據戴俞修儒學記改正尹王璘建儀門大德丁未尹阮維貞重葺明倫堂教諭喩舉

重修欞星門邑人貝道周貝居仁等捐地拓基至治壬戌達魯花赤馬思忽加修癸亥尹孫文煥修治儀門以上萬[歷]
志
復卽廟東偏築堂爲官廳事泰定二年冬十有二

戴俞重修儒學記略

月朔上虞儒學重修成學掾三衢戴俞記之曰惟是邑有學自宋慶[歷]四年始今大成殿[湻]熙十有一年令劉筥所建後一十有八年令趙希惠嘗繕理焉至元三十有一年令王璘始改作門廡齋廬庖庫後十有三年令阮惟貞始撤舊講堂而搆新之又十有五年令達魯花赤古燕馬思忽公薦加修治其明年當至治三年今令南陽孫公文煥始至周省前後議更葺之而俞適承乏於茲亟贊其謀明年公以行省命乘傳繼出不果遂明年始籍餘學廩與羣士子樂助之貲迺□□徒□□□壁漫漶鮮明危桴廣庭闕敗蓋覆闌楯衞嚴除砌序辨復卽廟東偏剏草抔土築堂三室爲□官廳事由是內外完好前所遺者靡不興起是邑之人貴仁義惇信讓

發越天性而有士君子之行壹是皆知公爲政之本鼓舞而作新之也斯役也主簿也先忽都魯典史郎榮頗有力焉皆不可以不記○據虞志備稿新增又碑載趙希惠嘗繕理焉案趙希惠於慶元間曾建瑞豐堂信芳堂碑云去劉篔三十八年已在紹定初因改三十八年爲一十八年至正初尹李好義改造儀門曰大成門壬辰舊志作辛卯誤尹林希元更葺明倫堂

夏泰亨記略翰林應奉林君希元任上虞尹至官一切期與民休息朔望謁先師廟與文學師生講求治要顧瞻明倫堂棟宇摧撓慨然曰學校未興德化弗流若何稱塞責□□□□屬歲少祲無以給費乃與達魯花赤佛家奴議捐俸金以倡之參佐僚吏莫不樂從邑人占籍於學及家饒而好義者各出私錢來助合所得緡錢五千有奇諏日庀工撤而新之度材必良陶埴必堅基構樸斲杇塓塗塈靡不完好興工於至正十二年十有二月丙子明年五月丁亥落成教諭朱椝疏其事屬余識之按上虞有學始於宋之慶歷重建於湻熙講堂則

嘉定甲申所刱也國朝大德十一年令阮惟貞以其庳隘得民間故材改作焉逮茲僅五十年漸致圮壞玩歲愒月補葺相承令令以興學爲事不數月而堂構一新勸而父兄率而子弟講之於學修之於身施之於家以睦其鄉以親其上以無負邑大夫之志尙其勗哉林君天台人屢任館閣爲政廉愼嚴正縣以治稱達魯花赤口臣故家律已奉法克相其成焉○案此記舊志以爲泰不華撰今據刋誤更正互見金石志　癸巳教諭朱渠易泮池橋以石戊戌尹韓諫更名明倫堂爲忠恕堂元末悉燬於兵明初因舊爲新中建大成殿殿前左右爲兩廡甬道南爲大成門門南爲泮池池南爲櫺星門殿東翼室爲祭器庫東廡外爲倉庾大成門西爲庖湢殿之後爲明倫堂門書大學經文書　劉瑞　堂內設鼓

鐘各一丞張準鐘銘曰惟學有鐘爲晨夕警赤牢一鳴音聞四境怠者以興昏者以醒舊旣無存闕典斯大今復釁成士子是賴凡有耳心以懲以戒前設兩齋東曰明道西曰正已齋左右設號房爲諸生肄業所再東爲射圃其規制略備焉洪武末年知縣馬馴案馬令虞在建文初明革建文年號故仍書洪武贖民地於櫺星門左剏建儒學門按洪武十五年新建文廟門曰戟門左右列戟二十有四正統間知縣李景華敎諭盛景修葺兩齋改東曰正誼西曰明道並鑿池於西廨以種蓮景泰癸酉知縣唐啟重修增東西兩廡各十楹增建樓十楹作諸生號舍疏砌泮池假民地三十餘丈鑿溝以防涸溢改名大

成門爲廟門祭酒陳敬宗記略虞學舊有殿廡堂齋歲久腐朽日漸傾欹景泰四年夏六月臨川唐君敢來令謁聖後周覽學宮廢墜慨然有一新之志先因學基逼隘廡齋共一廊屋穿其中以通出入隔前簷以爲廡而繪先賢像於壁分後簷以爲齋而居生徒於下蹂躪喧雜殊失祀神之敬乃捐俸金購隣人屋基而充拓之東西各建兩廡俱十楹以列先賢之位東西各建樓居十楹以爲生徒講讀之所然後賢得所尊士安所習戟門外有泮池瓦礫塡塞四際皆蕪惟存石梁旱則水涸雨則水溢於是濬淤塞以蓄水假民地疏鑿爲溝以洩水俾無涸溢之患載瞻聖殿巍巍明倫翼翼欞星戟門前列廩儲食庫旁峙以至會饌之堂庖爨之廚凡學宮所需治者靡不究心焉輪奐輝耀制度一新奉祀者致誠講肄者奮志周旋進退於衣冠禮樂之中莫不遊心高明脫略凡近唐令之功何其盛哉余素知其能及宰上虞能譽益著茲因文學之請樂爲之記

宏治已酉知縣林球移欞星門與大成殿相對據嚴潮學宮記

正德間知縣伍希儒嘉靖初丞陳大道皆嘗葺治甲申知縣楊紹芳以櫺星門舊制未稱更爲高大仍贖西南錢氏地以拓之己丑知縣左傑建敬一亭辛卯改大成殿曰先師廟提學汪文盛書丙申知縣張光祖移庖湢於明倫堂西舊在廟門西南再西爲倉庾舊在東廡外又西爲祭器庫舊在殿東翼室東廡北爲吏書房藏冊籍文案甲辰教諭嚴潮徧植柏木於廟中并參以桂自記略嘗考邑志學建於宋慶歷四年基廣一十四畝自是額建不一元大德中教諭喻舉重修櫺星門以地隘得邑民捐地數丈相之是時門在大成殿東南爲出入者所共由洪武間知縣馬公馴病其褻乃贖民居另建門以通出入景泰四年知縣唐公啟又充拓改築之時

櫺星門猶偏在東宏治已酉提學鄭公紀屬知縣林公球移置櫺星門與大成殿相對然西猶逼民居南尚雜市廛嘉靖甲申楊公紹芳闢而廣之自是文廟門臺端直軒豁巍然可仰矣而東西號舍尚多缺略自宏治乙丑知縣陳公祥贖地數丈充拓西號至嘉靖丁酉訓導吳演請於巡按周汝貞官置民地教諭張全又捐貲易地合計之由東北而前深一十六丈濶四丈充拓東號已而吳演又以本衙隙地易唐麟田一畝以完官舍自是學宮規模均齊方正無復欠缺且本學舊有柏數株僅拱把自嘉靖庚子泮學偕同寅桂薰夏梁徧植柏共四十二株間參以桂余考本學修建歷有碑記然止及一時鼎建之人於歷年充拓之人與地或未之詳況景泰以後充拓居多自今不記前人之美且孤而後來者將何考據耶故記於石以備稽覽 隆慶庚午知縣謝良琦重修未畢以憂去署縣事林琛繼之乃畢役甃神路增露臺而諸祠堂廚俱各新焉邑人陳洙記略虞爲大都

儒學建置已久雖屢葺修而歲月侵尋棟宇剝蝕牆垣傾圮廟甚不治隆慶已巳毘陵謝君艮琦來知縣事剔浮飾蠲庶務專興而於右文勸士尤㫄切焉乃覩學宮圮壞慨然有復興之志時學博何君天德張君文炳俞君寅集諸生協議檄上撫臺谷君中虛報可遂行縣佐馬君如龍估計工料各有條理無可謝君以憂去視篆本府別駕林君琛斂財鳩藝督率程工委典史林君九思經記其事撤舊增新庶用攸適夜籌蚤作衆力不奸至鬯神路增露臺林之勞居多而實謝君先爲措置故財不取諸田賦役不煩乎民力經始於四年之四月而迄工於本年之十月廟廡既考而鄉賢名宦啟聖諸祠以至於明倫堂庖湢等處亦再鼎新巍乎煥乎前此所未有也掌教李君綸分教宋君應奎相繼至止樂觀厥成咸慶興賢育材之有自列狀請余識其事余爲記之如此

萬歷癸未知縣朱維藩重修大成殿

邑人陳絳記略

我虞儒學修於隆慶庚午迨今十五載勢漸以圮萬歷壬午春淮陽朱侯維藩來涖茲土拜於殿下退語諸生曰學校之隆替

世道之盛衰係焉詎可一切委棄之以至於此耶居數月以入覲行明年夏又以早故拯輯不暇冬十二月乃用諸生言請於當道諸公咸報可迺諏日祭告庀財鳩工易其枲楹加以丹堊蓋以甂甎三越月而煥然美矣釋菜禮成觀者如堵咸嘖嘖歎曰匪我朱侯曷克有是文明之治乎學諭程君克昌司訓戴君士完謝君璿走不佞請記於戲宮室之壞人恥焉而人修焉凡以棲止之不苟也壞其身而不恥恥之而不知修豈以宮室之修也易而身之修也難哉吾見修宮室者採木於山伐石於巖取瓦甓於陶收膠漆金錫於市而又求良工以治焉一不集則事不舉若是乎難也君子之修身不然暴則修吾仁枉則修吾義蕩則修吾禮惑則修吾智一反求而身自修矣身修則經綸參贊胥此焉出其事比於宮室不甚簡而易乎人顧明於宮室而暗於修身余所未曉也虞爲大舜封邑有聖人之化士生其間力學務本多清操直節如王充魏朗朱儁稽紹之流顯著漢晉宋文公朱先生提舉浙東嘗講學月林泳澤書院當是時人才輩出士風大振至於季世猶聞李莊簡公面

叱秦檜劉忠公論罷史嵩之令讀其書尚令人悚慴入我國朝陶以禮樂漸漬日久士之抗節勵行爲斯學之重者尤加盛焉往者無論矣即余所覩記如葛公浩之折逆璫車公純之爭大禮吾兄紹與徐公學詩謝公瑜葉公經之指斥權相皆轟轟然震動名載史冊今之士頗有前輩餘風侯復迪之以正學重建文公書院羣諸士於其中較藝督課闡明古聖賢微言奧旨而又復西溪湖建奎文塔俾諸士游焉息焉曉然悟毅然往躋其巔而窮其源如孔子之登泰山觀呂梁朱子之陟雲谷歷九曲不造其極不已也豈獨文章功業云乎哉此侯修學之意惓惓於爾多士而諸生之所自修以求無負於侯者也侯別號貞石丁丑進士　癸巳知縣楊爲棟復修葺焉

邑人鄭一麟修學記略虞學圯以歲久屬丁亥風變且大壞士靡樂業辛卯楊侯涖治謂是先師所妥靈而弟子員居遊習讀其處奈何稱雅觀會歲比歉至癸巳始克興役材庀於贖其工鳩於募惟僱運斤圬者執塗撤腐易堅丹雘外繚儼然爲孔氏宮牆學博諸君以事竣委一麟記之余惟是

造士以學與農之畬工之肆埒不問畬於農則惰不居肆於工則偷學舍圯而士無所託迹即欲誦法先王而取世資謂發軔何偉哉侯之此舉得首務矣雖然學鞠而圯咎有任者修矣士何以無忝厥修虞俗猶近古其返之醇也特易第令諸生憲聖訓遵先喆勵名節敦雅道俾庠序不爲虛具弟子員不爲觀美而論士者取重於虞乃稱茂才異等不然士自涉修而曷以稱修學之意焉是役也費帑金若干爲日若干甲午之夏業已勒石而鄉民有以古鼎獻者侯命舁諸學曰是惟先師所克享夫地不愛寶行與符會兆厥佳祥則侯之大惠於虞庠也實並茲鼎以不朽矣

丁酉殿盡圯知縣胡思伸鼎新之工甫竣明倫堂復圯更爲剏建邑人何大化有記　甲辰廟門兩廡及兩齋皆就圯櫺星門并牆垣俱壞乙巳知縣徐待聘捐俸發贖次第剏修又以訓導二衙俱由齋中取道特移

齋址稍北堵其中別級一門於齋旁以便出入由儒學甬中重建儀門以壯雅觀邑人倪涑記略吾虞徐侯已試樂清有成績下車見學宮圮壞喟然歎曰是先聖之所依憑英才之所聚集而榱崩棟折人將厭之如教育何卽鳩工庀材諏日戒事踰年而告成堂殿門廡祠亭齋室垣池庖廩煥然改觀而黝堊丹漆之輝煌梲題榱桷之完美瓦墁碱甓之堅緻又足以新耳目而垂永久於是紹介而屬記於余余惟循吏莫盛於兩漢彼其廣陂湖賣刀劍種桑柘畜蔆芡榆韭有數雞豚不遺非不蔚然信史而所傳文翁則獨詳其化蜀一事它無及焉豈不謂士習重而教育先與卽前漢吳公治平第一千百世所沿說而侈譚者亦獨舉洛陽一年少耳則其生平之教育又可知也敝邑文雅或不為蜀郡後拓而充之又安知無通達治體如賈生者此侯所以汲汲於下車之初也侯名待聘辛丑進士吳之海虞人是時學宮頗完美惟號房則為蔬圃矣以上俱萬歷志

崇禎間歲久殿廡圮壞不蔽風雨七十二賢神位聚廬而奉知縣李拯捐俸剏建煥然一新　本朝康熙初棟圮牆摧幾成墟莽八年署縣孫魯教諭樓立尊募捐營修十年知縣鄭僑捐俸加修委典史張鳳麒督工康熙志五十年邑人馮辰錦捐八百金建修明倫堂乾隆初邑人錢儀吉等捐修大成殿四十年又圮知縣鄧雲龍籌貲修葺耆民沈儀彬獨建　先師暨四配十哲神座嘉慶三年大柱朽邑人朱文紹捐貲易之嘉慶志道光元年知縣李宗傳重葺殿宇邑人謝緋姚望傑陳魁秀等捐

繒助之李宗傳記略古者學宮之制堂廣九筵崇二十有四尺階十二級重簷反阿山節藻梲樹以三門周以繚垣丹雘之髹漆之蓋仿王者宮儀也上虞爲浙東萃秀之區歲戊寅余涖斯邑春秋釋奠躬謁廡下仰見殿西梁桁支以巨木詢諸士紳僉曰地多白蟻齧蝕故易頹朽恆數十年一更葺之予周視殿楹暨內外室宇宜葺者殆將過半慮其經費浩大諭邑紳以圖勸襄及辛巳冬紳士王登堦等言北鄉紳士謝緋願捐三千緡以助嗣有姚望傑陳魁秀等亦樂解囊得一千餘緡予因顧司事者曰緡踰四千足以興矣遂議焍黃卜吉鳩工庀材木之黴蝕者更之陶甓之脆損者易之增之丹黝之飾金漆之文則刮垢而重新之櫺星門丹垣之外樹石柵以爲砦列東西門以止輿馬則舊圮而復置也明倫堂之上覆以光石設以花櫺則昔無而新增也餘如崇聖祠文昌閣名宦鄉賢二祠並加塗葺煥然肅然溯始事之日六越月而告成司事復來請記於余余因北上不果旋浙後充秋闈監試官尋郎攝嘉禾郡篆簿書倥傯不暇及翰墨今又奉簡命往東漕觀

察事行將督運漕艘矣夫修舉廢墜本守土之責即傾輸襄事縉紳家禮亦宜之本無煩勸示貞珉然重葺之年增新之所不可以不誌也爰迹巔末以應司事之請○新增十八年署知縣龍澤澔

重修大成殿邑人王振綱董其役並從章鉞議改移櫺星門向龍澤澔記略古虞文廟創自有宋閱世窅遠遞有修易道光戊戌余奉檄涖斯邑載瞻禮殿兩學博以朽蠹告退謀所以新之爰集諸薦紳分任捐輸事不閱月得貲六千口百餘緡適工師得南山異材二千餘章迺亟請於當道諏吉明年春仲鳩工庀材宲櫳欀桷蠹撤其舊凡簿錄之出入工倕之勤惰甋甎膠漆之零星擇賢能者董其事丹堊既畢復以四配十二哲櫛比連次向制苟畧如制增二室分六案洎戟門星陛齋廡垣墉壹是咸新工將竣會其贏餘又於經正書院東北建尊經閣以祀魁宿藏經籍仿稽山書院式也自興作以逮落成凡五閱月亭亭苕苕煥然改觀余惟激流聚沫因人成事而過祠者歸功於余余何功之有若

同寅董事諸君咸有督工之勞例得並書於右以告將來○備稿咸豐初正殿復傾頽知縣張致高捐俸四百緡署知縣林鈞復詳請撥帑委邑人夏廷俊董修備稿十一年粵匪犯虞城陷殿廡俱被燬大成門明倫堂及文昌閣魁星閣名宦鄉賢兩祠存焉同治二年知縣翁以巽修葺明倫堂建復櫺星門及東西宮牆暫奉

聖位六年知縣王嘉銓諭邑人王淦等勸輸建復學宮邑人連仲愚董理之光緒十六年仲愚子連芳連蘅捐資重葺大成殿左右兩廡暨崇聖祠及儒學門據縣冊採訪冊新增

案虞學規模自宋以來遞有增易粵匪之亂十毀七八翁令請帑九百餘緡僅補葺一二綿蕞習儀良非獲已丁卯歲糾民資至二萬一千四百緡有奇諒復舊觀連董不憚勞瘁獨任經營然議者以內外異向（大成殿大成門櫺星門）階級非制棟柱違式興美哉猶憾之歎夫復古返原固有待於異日而今制所搆亦將來徵信之資也謹錄之以表大凡

正位爲大成殿西偏翼室爲碑亭左右爲兩廡甬道南爲大成門旁爲文武官廳東西廂屋各六間列於東者外三間爲得入門（門外卽儒學夾道）內三間爲

名宦祠列於西者外三間爲孝義祠内三間爲鄉賢祠大成門南爲泮池池南爲櫺星門門外左右列石坊二東爲都憲坊西爲會魁坊坊之下樹以石柵其南爲宮牆以上由内而達外櫺星門左爲儒學門其上爲魁星閣直北有夾道一帶爲學宮内之關鍵從而入爲文昌閣閣後西偏即得入門再入爲禮義門再入折而西即大成殿後則明倫堂在焉最後爲教諭署有正樓廂房花廳書室明倫堂西有廂房爲忠義祠即萬歷志所載庖湢倉庾祭器庫三所明倫堂東爲訓導署有頭門客堂正樓後樓以上由外而入内文昌閣後東偏西向者爲

護聖祠旁有平房作學書棲息所其後南向者爲崇聖祠舊稱啟聖祠祠西偏卽禮義門過門折而東爲四諫祠凡三間以上俱由儒學門夾道入過祠折而北爲承澤書院院後東向者爲倪文貞公祠祠之前爲頭門各三間案舊志載射圃敬一亭在廟門東偏今崇聖祠護聖祠一帶基址是焉○新纂

位次　正殿

至聖先師孔子　四配東復聖顏子回述聖子思子伋西宗聖曾子參亞聖孟子軻　兩序十二哲東先賢閔子損冉子雍端木子賜仲子由卜子商有子若西先賢冉

子耕宰子予冉子求言子偃顓孫子師朱子熹　兩廡
先賢東四十位公孫僑林放原憲南宮适商瞿漆雕開
司馬耕梁鱣冉孺伯虔冉季漆雕徒父漆雕哆公西赤
任不齊公良孺公肩定鄡單罕父黑榮旂左人郢鄭國
原亢廉絜叔仲會公西輿如邽巽陳亢琴張步叔乘秦
非顏噲顏何縣亶牧皮樂正克萬章周敦頤程顥邵雍
西三十九位蘧瑗澹臺滅明宓不齊公冶長公晳哀高
柴樊須商澤巫馬施顏辛曹卹公孫龍秦商顏高壤駟
赤石作蜀公夏首后處奚容蒧顏祖句井疆秦祖縣成

公祖句茲燕伋樂欬狄黑孔忠公西蒧顏之僕施之常
申棖左邱明秦冉公明儀公都或公孫丑張載程頤
兩廡先儒東三十五位公羊高伏勝毛亨孔安國后蒼
許愼鄭元范甯陸贄范仲淹歐陽修司馬光謝良佐呂
大臨羅從彥李綱張栻陸九淵陳湻眞德秀何基文天
祥趙復金履祥陳澔方孝孺薛瑄胡居仁羅欽順呂柟
劉宗周孫奇逢張履祥陸隴其張伯行西三十五位穀
梁赤高堂生董仲舒劉德毛萇杜子春諸葛亮王通韓
愈胡瑗韓琦楊時游酢尹焞胡安國李侗呂祖謙袁燮

黃榦輔廣蔡沈魏了翁王柏陸秀夫許衡吳澄許謙曹端陳獻章蔡清王守仁呂坤黃道周陸世儀湯斌遵大清通禮文廟位次圖

祭器　銅香爐十鐵香爐二十四爵二十三錫燭臺十對錫鉶十四錫鐙錫豆十四大盤十小方盤二十六帛匣十二牲匣盤二十七籩二百八豆二百八簠四十簋四十木燭臺二十六對酒瓦罇七正殿大絹帳六崇聖祠兩廡絹帳二十七古鼎一　鼎萬歷間上妃湖耕夫所獻送入學以爲祭器○萬歷志

祭品　正殿帛一白色白磁爵三牛一羊一豕一登一太羹鉶二和羹簠二黍稷簋二稻粱籩十形鹽藁魚鹿脯棗栗榛菱芡黑餅白餅豆十韭菹菁菹筍菹芹菹醓醢鹿醢兎醢魚醢脾析豚舶酒罇一　四配每位帛一白色白磁爵三羊一豕一鉶一和羹簠二黍稷簋二稷粱籩八形鹽藁魚鹿脯棗栗榛菱芡豆八韭菹菁菹芹菹筍菹醓醢鹿醢兎醢魚醢酒罇一　十二哲東西各六案每案帛一白色白磁爵一豕一鉶一和羹簠一黍簋一稻籩四形鹽棗栗藁魚豆四韭菹醓醢菁菹鹿醢豕首一　東西廡每廡帛一白色銅爵各一豕三每案簠一簋一籩四豆四寶同上○乾隆府志

祭文　惟先師德隆千古道冠百王揭日月以常行自生民所未有屬文教昌明之會正禮和樂節之時辟雍鐘鼓咸恪薦於馨香泮水膠庠益致嚴於籩豆茲當春秋仲祗率彝章肅展微忱聿修祀典以復聖顏子宗聖曾子述聖子思子亞聖孟子配尚饗

樂章　迎神昭平　大哉孔子先覺先知與天地參萬世之師祥徵麟紱韻答金絲日月既揭乾坤清夷　奠帛初獻宣平　予懷明德玉振金聲生民未有展也大成俎豆千古春秋上丁清酒既載其香始升　亞獻秩平　式

禮莫愆升堂再獻響協鼓鏞誠孚罍甗肅肅雍雍譽髦

斯彥禮陶樂淑相觀而善　終獻敘平　自古在昔先民

有作皮弁祭菜於論思樂惟天牖民惟聖時若彝倫攸

敘至今木鐸　徹饌懿平　先師有言祭則受福四海黌

宮疇敢不肅禮成告徹毋疏毋瀆樂所自生中原有菽

送神德平　鳧繹峩峩洙泗洋洋景行行止流澤無疆聿

昭祀事祀事孔明化我蒸民育我膠庠

舞譜　初獻　自生民來誰底其盛惟師神明度越前

聖粢帛具成禮容斯稱黍稷非馨惟神之聽　亞獻

大哉聖師實天生德作樂以崇時祀無斁清酤惟馨嘉牲孔碩薦羞神明庶幾昭格　三獻　百王宗師生民物軌瞻之洋洋神其[寍]止酌彼金罍惟清且旨登獻惟三於嘻成禮

崇聖祠　在文廟東新增明嘉靖甲午建舊名啟聖專祀叔梁公萬[歷]乙巳知縣徐待聘重修萬[歷]志崇禎時知縣李拯復修康熙志　國朝康熙間馮某捐修雍正元年奉文合祠五代改今名嘉慶志　同治六年知縣王嘉銓重建新增

位次　肇聖王木金父公第一位正中南向　裕聖王祈父公第二

位東一室　詒聖王防叔公西一室　第三位昌聖王伯夏公東二室　第四位啟聖王叔梁公西二室　第五位　東配先賢孔氏孟皮顏氏無繇孔氏鯉　西配先賢曾氏點孟孫氏激　東序先儒周輔成程珦蔡元定　西序先儒張迪朱松與文廟同日釋奠朔望釋菜上香遵大清通禮文廟位次圖新增

祭品　正位五案每案帛一白磁爵三羊一豕一鉶一鐙一簠二簋二籩八豆八實同上　酒罇一　配位每位一案帛一每案豕首一每位銅爵三簠一簋一籩四豆四實同上　豕肉一　兩序各設一案每案帛一銅爵三簠一

簋一籩四豆四實同上豕肉一李府志

祭文　維王弇葉鍾祥光開聖緒盛德之後積久彌昌凡聲教所覃敷率循源而溯本宜肅明禋之典用申守土之忱茲屆春秋仲聿昭祀事以先賢孔氏先賢顏氏先賢曾氏先賢孔氏先賢孟氏配尙饗

護聖祠　在學門內文昌閣後西對文廟得入門新增舊列土地神於中殿之後萬曆丁丑教諭李志寵建在明倫堂右志寵有記〇萬曆志歲久祠圮遂移於今處嘉慶志額曰護聖祠祀唐韓昌黎伯愈備稿咸豐十一年燬於匪同治六年

建復新增

名宦祠　在大成門東與得入門比接新增明初建鄉賢祠於大成門前之東祔祠名宦於夾室嘉靖丙申知縣張光祖建於今所　國朝同治六年重修祀漢度尚唐崔協宋陳休錫趙不搖葉顒陳炳葉元泳蓋溥陳漢沈煥元張屋林希元明陳祥汪度胡思伸徐待聘葉顒陳炳葉元泳蓋溥陳漢沈煥張屋據正統志度尚崔協林希元陳祥汪度據萬歷志趙不搖胡思伸徐待聘據康熙志陳休錫據萬歷府志此外名臣循吏備見列傳非經奏請入祠未便載入

鄉賢祠　在大成門西新增明初建於大成門東嘉靖己丑

知縣左傑移置今處萬歷乙巳知縣徐待聘重建志萬歷

國朝同治六年知縣王嘉銓重修祀漢王充戴就孟嘗魏朗朱儁三國嵇康晉謝安謝元嵇紹南北朝謝惠連王宏之宋章爕李光趙子瀟豐誼李孟傳李孟堅潘時宋延祖貝欽世豐友俊劉漢弼李知退李衢夏夢龍趙艮坦劉漢傳劉漢儀元徐有傳明陳金劉履葉砥謝肅貝秉彝王進謝澤陸淵之俞縉洪鍾潘府陳大經陳旺陳烟陳翀陳邦瑞葛浩朱袞徐文彪倪鎧王仁葛木車純胡景華金柱鄭遂陳紹姚翔鳳徐子麟鄭舜臣徐

希明謝師嚴韓銑葉經謝瑜徐學詩張輝倪應蘄丁子
中倪溥葛曉徐如翰倪元珙倪元璐李懋芳陳雲器謝
偉王誠　國朝倪會鼎朱鼎祚陳文煥陳啟麟謝宗嶽
案名宦鄉賢入祠必督撫學政上其事於朝旨允方得
崇祠虞經兵燹舊主無存失於稽考列位而奉者紊亂
錯雜今名宦必舊志載明入祠者方爲登記鄉賢亦然
如王充孟嘗魏朗章燮李光李孟堅宋延祖貝欽世豐
友俊劉漢弼李知退李衢趙艮坦劉漢傳徐有傳據正
統志朱僑謝安趙子潚豐誼潘時夏夢龍劉漢儀陳金
劉履謝肅貝秉彝謝澤陸淵之俞繪洪鍾潘府陳大經
葛浩朱袞徐文彪倪鎧王仁葛木車純胡景華鄭遂陳
紹姚翔鳳徐子麟鄭舜臣韓銑葉經徐學詩張輝據萬
曆志陳旺陳垌陳翀丁子中徐如翰葛曉謝偉據康熙
志戴就倪會鼎朱鼎祚陳啟麟據嘉慶志謝元秸康秸
紹謝惠連王宏之李孟傳葉砥倪應蘄倪溥倪元珙倪

元璐李懋芳陳雲器謝宗嶽據李府志陳文煥據浙江通志此外據嘉慶志備考

忠義祠　舊在大成門西偏　國朝雍正五年知縣許蓋臣奉文建浙江通志今移建明倫堂西偏祀漢孟英晉嵇紹謝琰宋豐治龔生趙艮坡豐存芳明謝澤陳志寧韓銑朱思明顏日愉趙德遴徐國泰徐復儀陳明遇徐至美陳重光陳祥麟顧旦顧勳陳梧　國朝黃應乾周祖唐夏攀龍何如鏡林江錢應昇趙啟玉朱旌臣陳景祺錢世敘徐虔復案嘉慶志忠烈傳有王翊高岱實非虞人從刪

孝義祠　在大成門西與鄉賢祠比接即舊忠義祠今忠

義祠移建明倫堂西偏改是祠爲孝義祠祀漢楊威三國樊正南北朝謝[角爵]杜棲宋錢興祖趙善傳元姚天祥俞文珪明羅瑾俞正儀陳理薛廷玉杜樗聞思嚴姚鍠徐敷徐子奎徐子行朱文澗須有文丁潛倪紳徐子恆曹同德徐一誠徐邁徐承淸薛常生俞沐徐遠條　國朝張自偉倪元瓚陳萬林陳泰交徐繼科唐甡曹二鳳徐復恆楊文蔚范廷耀丁廷瑞宋球葛延濂張成元王全璧王全琮胡元彪張宏毅袁翊元陳步雲謝盈渙陳作霖羅羽豐趙完璧錢晟陳光林以上孝友三國吳範南齊

魏温仁宋周元吉劉承詔張達明謝時康由吉　國朝俞木萬邦懷以上義行○孝義入祠俱據舊志傳有實請立案批准入蹟者登記姓名如近時孝子義士未經稟祠者姑從緩

四諫祠　在儒學夾道禮義門內崇聖祠後祀明葉經謝瑜陳紹徐學詩　國朝嘉慶六年建邑人朱文紹記略葉御史經陳御史紹徐郎中學詩也此四公者或以諫謫或以諫遷或以諫死或以諫廷杖不死而幾瀕於死所處不同遭遇亦殊而要其不戀祿位不顧妻子不避刀鋸斧鉞之概四人若一人焉卓立乎千百載以上千百載以下聞者猶低徊而景仰況居同鄉里者哉壬戌冬仲余介平湖貢士陸嗣鰲兵部主事家爲粥白大中丞儀徵阮公葺祠於承澤書院之西偏春秋致祭阮公題其額曰南臺四直飭掛祠中垂爲儀式或曰祠設於

學於義何居曰學也者效也此四咸豐十一年燬於匪諫者不足爲膠庠之士所效法哉參嘉慶志新增同治六年建復邑人杜倬章設立門窗

倪文貞公祠　在承澤書院後　國朝乾隆十三年紹興知府杜甲捐俸創立邑人錢儀吉募捐擴充之鄞人全祖望碑銘載文徵道光二十年署知縣龍澤灝官備祭品每春秋丁祭後集文武官同日致祭著爲例嘉慶志備稿　同治間創建頭門新增

魁星閣　在儒學門樓上　國朝乾隆四十年知縣鄧雲龍集貲建嘉慶志　光緒二十年燬二十一年邑紳王濟清

建復新增

文昌閣 在儒學門內夾道第一進 國朝乾隆四十年知縣鄧雲龍集資建乾隆府志

教諭署 在明倫堂後新增 明初建萬歷乙巳教諭馬明瑞捐資修葺萬歷志 崇禎癸酉教諭丁汝驤建樓三間爲燕息絃誦所尋廢 國朝康熙十年教諭姜岳佐乾隆五十七年教諭呂丹桂迭次修葺嘉慶九年教諭諸以萊募捐建正屋五間嘉慶志 同治六年重建新增

訓導署 在明倫堂東新增 明初有二廨一明道齋後一正

已齋後萬曆志後併置為一志嘉慶志國朝同治六年重建

新纂

學制

明洪武己酉詔鐫設科分教令式於學降卧碑制書庚戌詔頒鄉射禮儀戊午頒鄉飲禮儀壬戌頒釋奠先師孔子儀注其祭各以正官行禮分獻則以本學儒職及老成儒士充之癸酉頒大成殿樂器於天下萬曆志參乾隆府志正德庚辰立科甲題名碑於學邑人潘府為記○據本碑嘉靖己丑建敬一亭立石刻御製敬一箴五箴解辛卯詔去聖

賢像用主不稱封爵曰

先師志萬歷壬辰立歲貢題名碑於學知縣左傑爲記○據本碑萬歷丁

丑勒宣宗御製儒學箴於石據本碑　國朝順治二年定

文廟謚號爲

大成至聖文宣先師孔子九年

命禮部頒卧碑於學宮置諸明倫堂之右選取生員免其

丁糧厚以廩膳十四年議改謚號爲

至聖先師孔子康熙二十八年

御書

孔子贊及顔曾思孟四子贊并序三十九年頒

聖諭十六條每月朔望地方官宣讀化導百姓四十一年

頒

御製訓飭士子文俱立石學宮五十一年

詔升祔先儒朱熹於十哲之次雍正元年追封

先師五世王爵改啟聖祠爲崇聖祠三年

詔春秋二祀增用太牢頒

聖諭廣訓於各省各學朔望宣讀乾隆三年

詔以先賢有若列十哲之次五年頒行

御製文訓諸生爲己之學並敬謹勒石學政全書參乾隆府志

學官　教諭一員復設訓導一員會典

學額　縣學歲科額進各二十名增生廩生各二十名二年一貢歲進武生十五名學政全書咸豐六年加文武永額各二名七年加文武永額各一名十年加文永額一名同治五年加文武永額各三名七年加文武永額各三名嗣是文童每歲科試額進三十名武童歲試額進二十四名據學冊

舊府學撥進二名同治間加撥一名新增

學產

田在一都及二十三都共七畝五分明嘉靖甲辰教諭嚴潮查復此田今已失查○按萬歷癸巳知縣楊爲棟搜廢寺產以作學田田以贍寒畯

潮自有記邑人何大化記略今天下郡縣學往往有田以贍寒畯周緩急而所在士亦往往藉以完粹修養沖志葢興學育材鉅舉焉虞學雄甲於越故未有田爲缺典楊侯自萬歷辛卯春領茲邑逾五禩矣子惠元元尤屬意黌序學舍之圮也俎豆零章逢雨立有弗堪者遽葺而修一朝輪奐煒然旭湖之鼎遷薦諸廟於學亦大有庇矣迺又以聖靈允妥士業靡資游息有歸修瀡殊缺凳凳鉛槧有不能具饘糜時昏葬者即或砥節而修亦何藉以興乎侯慨然引爲已任爰徧搜諸廢寺產如嘉福奉國等若干畝久入豪吻者上諸當道曰若爾產也與其餍小人之腹孰若公諸學校爲青衿士一助哉當道咸報可復令邑幕湛君汝魁履

畝核實而牒之學歲所入在邑庾歲賑給聽所請候彈
心力剗曠代未有之典貽多士永賴之澤於學不重有
造哉嘉福寺上田二十五畝八分六釐四毫法界寺
田五十二畝四分　奎文閣上田六畝　智果寺田四
畝七分三釐四毫　奉國寺田一百三十九畝六分七
釐　另山兒換田二十三畝七釐一毫　范永五入官
田二十畝已上租載原卷　山共三百四十一　丁酉知
畝地共六十五畝五分倶候變價另置田畝
縣胡思伸續置學田　會稽陶望齡記略虞儒學非無田
也而罔實惠即若無田今胡公之
涖虞所以優䘏諸生者甚厚然猶以爲未旣其實也至
癸卯九月涖虞者已七閱歲念一日去虞而無以寄惓
惓之意於諸生於是捐嘉肺之羨緡斥置民田於學立
之專籍以示永世諸凡爲學所公費者咸得而取給凡
青衿貧窶之士咸得沐恩而沾溉之甚盛心也夫虞在
越中獨土瘠而民鮮饒業一入爲弟子員輒無暇問耕
以爲篝庾計歲小歉餬其口而弗贍謂佔畢者何且自
隆萬以來士比數奇公於百雲門之外疏巽水以通玉

帶溪無何而丁酉七與計者四人已學宫及明倫堂壞公爲加新宫牆翼然無何而庚子士與計者二人其一則襄然而魁浙辛丑登第者二人第武試者二人其一則杰然而魁天下今年秋與計者復二人諸生翕然加額而歸於公曰此足證公作人之盛矣虞生闤闠詩書固不能人授館穀而脫可裨百分之一儻亦有投醪意乎微獨虞所未遘即世嘖嘖號廉明而加意與文者不瞠乎後哉學博楊君於朝陸君官尤君存古躬覩盛美礱石紀之以詔後來無復廢墜云　首字六十七號田九分五釐三毫　七十號田九分九釐五毫　七十一號田一畝三分六釐九毫　六百三十五號田二畝一分六釐六毫　六百四十三號田三畝三釐一毫九絲　六百四十五號田一畝九分五釐　六百四十六號田三畝三分八釐四毫　六百四十九號田一畝五分四釐六毫　六百五十二號田四畝三分一釐七毫　六百八十七號田三畝八分七釐七毫以上共田二十三畝五分零係城都三里泮林莊胡世學戶承糧每年收貯候歲考類考造冊外餘銀憑本學別項公費俱於租

稅銀內支用今歸紳士公收以作歲修應用　首字六
百六十三號田三畝一分六釐四毫　六百八十三號
田二畝九分七釐九毫　六百九十一號田二畝四分
三釐九毫　七百九號田四畝一分一釐三毫三絲以
上共田十二畝六分零每年收候修理學宮并明倫堂
今歸學官收租應用　亦係城都三里泮林莊胡世學
戶承
糧　國朝乾隆十一年教諭錢耀軫以前明胡令所
置田十二畝六分零五十四年知縣繆汝和以前明胡
令所置田二十三畝五分零俱詳載細號畝分各勒石
豎立得入門左右此外學田據實記載以杜侵沒之弊
道字九十號田一畝六釐三毫　一百十三號一百十
四號田五畝八分五毫　二百六十號田二畝三分六
釐九毫　二百六十一號田一畝八分九釐一毫四絲
三百六十四號田二畝三分五釐　三百六十五號

田一畝一分六毫　有字三百九十八號田一畝一分三毫　弔字一百十八號田一畝五分八毫　朝字一千六十三號田三畝八分三釐九毫　育字一千一百六十三號田一畝一分七釐　一千一百六十四號田二畝三分七釐六毫　一千一百六十六號田一畝三分九毫　首字二百七十九號田四分七釐一毫　七百十三號田一畝一分一釐三毫三絲　六百四十號六百六十八號地六分五釐以上田歸學官收租保城都三里泮林莊胡世學戸承糧天字一千七百八十二號田一畝　黃字一百九十九號田一畝六分七釐八毫　二百七十一號田一畝三分五釐　二百七十二號田一畝五分一釐九毫　發字二千七百九十號田一畝二分五釐　人字三千一百十七號田七分二釐六毫　三千一百二十九號田一畝二分六釐　三千一百四十九號田二畝七分三毫　三千一百五十號田一畝八分九釐六毫　章字四百二十六號田二畝一分七釐四毫并地九畝九分七釐以上田地統歸學官收租保城都八里大池莊孔朝王戸承糧○萬歴志

參嘉慶志

附　國朝乾隆四十七年知縣鄧雲龍收明因寺田八十畝詳請郡守與立案每歲由學官報解租銀以充載山書院膏火費嘉慶志

地　學基地一十四畝嘉慶志　國朝道光七年邑人葛鵬飛捐地九畝九分零置辦　聖廟器物教諭阮兆熊記民葛鵬飛樵薪力食將生平苦置山地十餘畝於道光丁亥年願捐入本學地九畝零以供置辦　聖殿器物是歲適兆承乏教諭心竊嘉之每年將折租錢十千兩學分存至今辛卯計每歲分收錢二十五千訓導汪公所置外兆歷年備具桌圍紗燈并沿河石柱木柵一帶餘錢先爲葛氏立碑待後租收陸續再具以永其事并

可歷任檢交毋隱人善爰是勒石并將捐地號畝開後

翔字一千七百七十八號地四畝九分八釐　一千七百八十五號地二畝五分　一千七百九十二號地一畝二分一釐　一千七百九十三號地一畝二分八釐俱係城都八里大池莊孔朝王戶承糧○據本碑

山　在十九都共山三千八十五畝備載學正周振碑陰

嘉靖甲辰教諭嚴潮查後自記略舊有學山歲久迷失嘉靖丁酉知縣鄭公芸始查出未幾鄭去奸人埋沒如故癸卯歲潮偕同寅桂薰曾舟併力復之纔得招認供租其山係十九都如字二十號四十號共山三千八十五畝佃山戶王兼八王福元王祥五王記三四人爲首又舊有學房二間一在大中坊儒學西一在南城門內止存空地勒石以備稽查　萬歷志

國朝康熙六年丈量後所存學山照印管開載於後

民字一千三百九十三號山五百十三畝城都

八里大池莊孔明山戶承糧　民字一千三百九十三號山四百三十七畝一千四百二十七號山七十七畝俱大池莊孔朝山戶承糧　民字一千四百二十七號山一千二十九畝大池莊孔旺山戶承糧　民字一千四百二十七號山一千二十九畝大池莊孔聖山戶承糧○新增

附　宮牆對面隔河平房兩間儒學門東首搭披一間歸學官收租○新增

附忠義祠田地光緒十二年邑人徐文墉募捐　問字一千五百十一號田一畝二分五釐　有字二千三百六十五號田二畝四分六釐　又二千一百二十二號地二分三釐一毫　二千六百十九二十號地九分五釐　二千八百三十五號地七分　二千九百七十八號地三分

十四年胡有煒湖南人前令胡堯藏子助田四畝零　冬字三百五十八田一畝

一釐六毫七絲　三百六十一田三畝五分五釐　充祠
以上均係二十都二里下管莊忠義祠戶承糧
內春秋兩祭又捐田三畝零　冬字三百四十五田九分五釐　三百六十二田一畝九分　四百六十九田三分係二十都二里　作祭埽
下管莊忠義祠胡楊氏張氏等墓祭戶承糧
胡氏諸墓費　案胡令於咸豐辛酉殉難胡氏墓在三都歸安局後○新增
附倪文貞公祠田同治十一年知縣王晉玉因案斷入
充公錢三百緡祠董錢紀堂等具領修整祠宇并前後
置田十七畝零　元字一千四百二十田一畝一分五釐四毫一千三百九十田二畝二分四釐一千五百六十三四田一畝九分二釐九百三十六田一畝一分三釐一千四十七田一畝一分六釐五毫一千四十九田四畝九百二十八田一畝四分三釐九百四十田一畝五分一千六百六十三田六分五釐五毫

一千六百四十六田一分五釐一千六百六十圖一畝
七分八釐一毫以上係城都九里圓橋莊文會戶輸糧
每年徵租稍錢三十二千二百文自光緒二年起歸經
正書院董事兼管每歲留抵書院糧錢四千僱稍工食
紙筆費錢三千餘錢二十五千二百文由祠董支取備
作春秋祭費嗣因二祭銀兩仍照向章由縣捐辦知縣
徐榦諭祠董歷年收款作何支用着據實申明錢紀堂
等稟覆置得龔姓房屋併置山三十九畝零每年生息
錢二十一千六百文契存院董宋梁處於光緒七年前
後報銷在案自光緒八年收龔姓取屋價並取山價共

一百六十七千二百文經董王澤鎬付徐董澍嘉移用

重建尊經閣帮貼錢一百三十二千文新置得章字號

田一畝四釐位字號田七分七釐二毫唐字號山十畝

四分共計價五十四千三百二十文餘錢除歷年歲修

外至光緒二十年結伩一百五十四千文付經董鍾亮

采大加修造丹漆匾聯神座開銷用訖外光緒十八十

九二十共三年計稍價七十五千六百尚存前董處據縣

冊并採

訪冊

上虞縣志校續卷三十六　　學校志上

上虞縣志校續卷三十七

學校志下

書院

月林書院　在縣北五夫清風峽宋經略潘時建爲朱文公熹講道之地正統志廢久址存萬歷志○明潘府月林書院興廢始末記略案戴正心跋朱子與潘恭叔書知晦翁嘗訪李莊簡於五夫館於月林書院經略公諸子友端輩受學焉余意朱子最後爲浙東提舉往來斯地四方學者輳集遂爲講道之所宋理宗手敕謂朱熹所註四書原本在卿家信不誣也既云講道之所必祀先聖爲宗惜乎廢久迄今三百餘年幸有清風峽浮香閣疊錦溪皆其遊息遺址猶存五夫也然滄桑之變理數自然而大半屬之他姓祀典久湮無怪也予於宏治戊午搆一書堂於南山之

下顔曰南山書院方舉祀典又羈王事弗暇也後六年冬乃自廣東棄官歸南山遠近從遊者三四十人明年春祭丁行鄉約歌詩奏樂講書讀律通鄉者後咸萃斯日地洋洋乎禮樂衣冠之盛視之宋代爲何如也余一日又過聽鄉人之言曰書院遷鳳山雖不及南山之奇絶然路近往來差便也否則爲隣縣勢要請佃矣因改廢寺建月林書院又代逃僧賠糧應役償債起業將爲祭祀賓友義倉義學公私經久之計惟期禮制之益崇而欲叔建之益備也不意行幾一載小人竊乘劉瑾時事而妒之者至矣乃濫奏拆塔毁寺諸事幸御史巡按楊公滋亦諳大義乃謂巡守龍公霓云藩使潘公家人贖公罪勿隱改建書院闢邪崇正之盛舉也蓋楊已密訪得新遷書院記矣龍遂如言事乃息書院與寺亦並廢而南山之祀復自若也天道好旋提舉陳公遵奉聖諭許令廢寺重興先賢祠宇邑宰伍公因以月林書院告遂草建之其今遺址則參政黄公瓚親定者余猶慮其事不專一業不可久乃通以前産捨歸縣學具請提學副使徐公董管糧參政宫景行令每歲月林書院差官

主祭及完糧差或有餘資用修書院因增置所未備庶免日後被人侵佔而錢糧有歸書院永久不廢也予天性素僻在長樂拆毀寺觀以城長樂厥後在朝又乞通毀天下寺觀以崇正祀迨今東歸後爲此舉齟齬百端而崇正闢邪之志幸能借是一少償也今新故爲具載月林廢興之始末○五夫志今廢增

泳澤書院　元初剏建於西溪湖東正統志至正間方國珍弟國珉移建金罍山東因朱文公殉節於此立祠祀之今院廢猶名其地曰書院前橋曰來學橋至正二十六年儒學副提舉楊彝記曰聖人之道自孟子沒而失其傳至濂洛諸儒始倡明之然不再傳而異說並興學士大夫反從而惑焉新安朱先生起而麾之紹隆道統折衷羣言以覺後學至今賴之矧昔所按歷之地功德在人則祠以祀之宜也先生以宋淳熙辛丑秋八月拜提舉浙東常平之命其冬十二月視事於西興時浙東大饑紹興爲甚

先生舉行荒政條奏纖悉其卹民之意至矣上虞紹興屬邑則其所與被者邑人李莊簡公之甥直顯謨閣潘公時當時賢者與先生相知深二子友端友恭皆及門受學而其問答之詳造詣之密見諸文集可考邑人得於私淑淵源有自來矣先生功德彰彰在人耳目而祠未有能興者豈非闕歟今先生榮祿大夫知江淛行樞密院事方公始建書院而立先生之祠意蓋有在也先是縣西南一里有湖曰西溪民資以灌漑旁湖之田恆得歲焉逮宋季籍湖地之高者爲田而租入强家曰籍田田下故植茭藕其後泥淖澍積豪民因耕其中曰蕩田合爲畝凡九千一百有奇初籍田枕湖號爲膏腴及蕩田興而水利分百年以來高下異勢而肥瘠遷化蕩田歲稔籍田視其租再倍而多荒於莽至郡縣責逋負一切繩之以法民交病之至正十八年公爲江浙行中書省參知政事總餘姚上虞之師乃克命官驗田高下以均其賦復命治堤坊通溝洫以備水旱成豐年於是民大驩洽謀即湖濱爲公立生祠曰泳澤公聞之謂其人曰政有當然而何勞爾民若是民固請公曰必欲爲之

曷若立書院興學勸善俾爾子弟游嚴師益友之間以漸於教化入相孝慈出相禮讓景仰前哲使忠義之風永永不墜不亦善乎且吾聞文公朱先生昔持部使者節以臨是邦救災卹患嘗有德於爾民而誦其詩書以成德達材者復不絕於世有功於斯文更大其爲澤更遠矧今朝廷追美先猷爵以大國政封於齊於儒者有光焉遂戒有司相地之塏爽者得於金罍山之東迺掄材鳩工諏辰協吉以興斯宇儀門禮殿祠宇堂筵齋廬庖庾凡若干楹瓦甓塗塈丹雘之施聖賢儀象几席籩豆罍爵之設亦既完且美矣公復以白馬夏蓋湖田一千一百餘畝歲入以供春秋祭祀師生之廩食經始於二十五年春落成於冬十一月民衆聚觀無弗慰喜其父老有識者喟然嘆曰公既均賦以生我又不忍以祠故而勞我使來遊來歌者咸沾漑乎聖賢詩書之訓以淑我則吾人之涵泳其澤者寍有涯哉公無事於祠而公之盛德庸詎可泯迺榜之曰泳澤書院從民志也○按舊志作一十六年今查原碑係至正丙午因改作二十六年 明萬歷甲申知縣朱維

藩復西溪湖并復朱文公泝澤書院於湖濱前爲麗澤堂後爲祠還文公像於中榜曰文公祠前石坊題曰泝澤書院再前爲來學橋春秋祭祀修理養贍之資舊有田七畝坐奎文閣後是年復請於郡守蕭艮幹將没入澄照寺田五十畝給學贍費春秋丁次日縣官及教官率諸生行祭禮

知府蕭艮幹記略宋文公朱先生講學於虞之西溪湖虞人慕之久而弗諼也即湖濱爲書院曰泝澤以志思焉元人記之詳矣歲久湖湮廢書院亦傾圮夷而爲田者且二百年萬歷癸未不佞來守越諸生手牒而至請復湖余可之以屬令朱君既有緒諸生又手牒而至請復書院余又可之於是令朱君聚材鳩工諏吉選勝爰就湖之滸爲堂若干楹後爲室若干楹左右爲翼舍各若干楹榜曰泝澤書院

仍舊名也既成諸生來問記余嘉諸生之勤也其不懈思知所向也朱君之周也其於民事急所先也亟趨其地與落成焉已乃進諸生而語之曰爾邑之名虞也豈不以虞舜之遺哉聖學一脈肇自虞廷而危微之旨精一執中之訓固千聖之眞傳萬古之心印也世衰教墮功利日熾即其學也循文執藝者不知反求諸本心談元語虛者多至疏闊於倫物又其甚者舜言蹠行名實懸殊不可究詰茲近世所以諱學而書院所以爲天下厄也信如良師帥賢弟子相與以有成也率吾之良心而達之於彝倫日用致其精一之功察之危微之辨以發之父子罔不親發之君臣罔不義發之夫婦長幼朋友罔不別不序不信也則豈特文公之澤由茲以衍雖謂虞廷之教之學再闡於茲院可也又豈直爲後因守虞邑重而已余於茲有深望焉因書以爲之記

者不得入頹廢復移文公像於水東精舍奎文閣上春秋丁後祀之以上萬歷志今廢遺址改建東嶽廟嘉慶志

中峯書院　在東山兩眺間臨池水明董玘建潘府講學於是玘嘗從之府志乾隆新志今廢增

古靈書院　在縣北屯山之陽今廢俞府志

松陵書院　在縣西嵩鎮之北　國朝康熙六十一年郡守俞卿建俞既築塘爲虞捍禦餘資建學舍二十四間置李海致字號田共二十二畝有奇海字號池二分零作供用歲修之費嘉慶志　道光間續置寒字號田十二畝一分零光緒間連蘅重建並修葺廂房前進平房據採訪冊

承澤書院　在學宮東乾隆四年知縣邱兆熊創建五十

三年舊志作五十年今據碑記更正知縣繆汝和命邑人劉世學許耀等募捐重建樓房三楹上供文帝下作講堂繆汝和自爲記舊有城河北岸一帶水閣費每歲禮書出票催取作是屋歲修及朔望考試雜用嘉慶志○案今費減祇作臨縣試時以供考棚糊窗紙料五十九年知縣詹錫齡每月捐給花紅錢文與儒學輪次課衡道光十二年署敎諭徐廷鑾捐廉重修是時署知縣楊溯洢別建經正書院遂改承澤書院爲義塾延師訓蒙其章程詳見五美錄○案浙撫阮元飭浙省各州縣設立書院虞邑爲承澤書院山長由中丞推薦其修金亦由縣官自送不準書院內開銷○又案繆汝和

碑記以承澤書院爲泳澤書院故址因額其堂曰紫陽片席豈知泳澤自西溪湖濱移置金罍山東並不涉今承澤地故不錄其記

經正書院　在縣城東隅道光十二年署知縣楊溯洢署教諭徐廷鑾首倡捐廉暨闔邑紳民捐貲創建楊溯洢自爲記詳五美錄大門額曰經正書院儀門額曰麗澤試院左右各建考棚爲歲科童試所中爲講堂後爲正樓上設文昌閣左右大房側廂耳房庖湢董事公所管院住房俱備計用錢六千緡有奇又捐置田山沙地暨銀錢等儲爲書院經費延請山長課士月給膏火其規制紳士公同議舉純正首事四

人每年十二月初一日開列四人名單送縣簽點兩人責成管理次年收支錢文之事逐年更換接辦以杜久踞侵蝕之弊由縣發給蓋印收錢總簿將各當商生息錢各佃戶租田錢數載於簿首各當商各佃戶見此印簿自行註明某某交某某租息錢若干當鋪存項只准交利不准交本即地方官挾勢提取借用亦不許交付致干着賠並許該首事等稟知大憲行文禁止其支領各款每年正月禮房立四柱簿二本蓋印交首事領回出入登記每月散膏火後送縣過硃一存縣署一存首事以憑內外查對該首事於年終將通年收支存賸數目彙冊稟縣查考至次年正月初十日以前即將印簿及現銀四柱簿交與下班首事接管該新首事務將舊首事賬目逐款合算明白方許將上年用錢總數填入總印簿內將上年四柱簿繳縣更領新簿如有侵虧稟縣究追隱一賠九不準再列名簽點書院主講須請進士舉人品學兼優者聽地方紳士公議稟請本縣立名聘請不由官薦庶免有名無實其餘條款俱詳見五美錄 但銀錢向係存典粵匪亂

後各典停歇無常董事經營之催提存款於同治十年至十二年前後增置田二百餘畝字號畝分詳下編號釘界造冊立案

經營之自敘略查各典存錢係建院時餘資暨歷年積伙每年長年八釐起息舊規只準用息不準用本原與置產無二併不準官紳挾勢提借楊前令之保全是款嘉惠士林者至矣迺西匪擾虞逆賊徧搜簿董營攜簿遠避始免平定後令翁以巽諭提是款營邀邑紳稟止迄今各典停歇欠息遂多若被效尤恐有保之不及保者爰商前山長謝蓉初前董事劉星齋暨年董衆稟生並邑紳等公同酌議稟請前令王將是錢隨提置產於同治十年至十二年止共置得東鄉元鳴等字田二百七畝零以穀二石易稍二千共得稍息四百餘十千較之典息有盈無虧既保院款亦充經費蓋仍希不負楊前令保全是款之苦心爾　又保公杜弊一則按東鄉田產舊有頂價猶租屋之有墊租也當時風俗仁美各佃爭佃預付一歲租穀以爲信向由業

主出立頂契佃戶出立租契各載頂價數目即更新佃除扣算欠穀外將餘錢歸還原佃即或原佃轉頂新佃亦必附交業主頂契並着新佃向業主出立租契似此業必由主頂不浮壜通行無獘詎英夷滋擾後刁風日起各佃轉佃不問業主亦不附交業主頂契即新佃亦不向業主出立租契以致頂價互串浮壜逾於正價甚將各田隱匿混指以東易西挾制團霸俾業主無從管業由是積玩風成租穀日欠田價日賤業主之正價盡被奪於玩佃之浮頂不數十年而數十餘千之沃壤變爲石田矣要知此等惡習並非向行俗例實由刁玩所致試思該佃頂契既不承糧又不投稅不難互串浮壜何足憑準乃敢依恃挾制牢霸佃田而業主承糧投稅之正契反不得管產業冠履倒置莫此爲甚今書院置買是田稔悉此弊爰集紳董與各佃公同議約遵照舊行俗規定一平情之論該田起業如各佃頂契附有前業主頂契者照數給還如無前業主頂契者免交一歲稍價作歸頂論至着各佃出立認稍票據載明坐落土名並將每田釘定界石編列號碼存案登簿更所以杜

隱匿混指之弊但界石一節爲各佃所惡遇有毀拔務在隨時稽察公同稟究勿令再蹈故轍至光緒
十四年知縣唐煦春斷捐南滙沙地畝數撥入書院諭
詳下
唐煦春諭略照
每歲徵租作生童加獎膏火永以爲例得本縣斷歸經
正書院充公沙地案內各墾戶一年兩期應徵租錢九十餘千文業經按畝造冊照會兩董經收在案茲查書院師課一年八課所給膏火合數無多現將是項租錢分課加給除官課花紅仍由本縣自行加獎外師課膏火按照原額章程生以三十名止童以三十五名止不分前後每名加給錢二百文此後永遠照加庶肄業生童有所鼓勵而文風日益振興焉○據縣冊新纂

案嘉慶志載有書院花紅田係賈悅艮朱文紹等捐置賈悅艮捐時字號田九畝七分朱文紹捐弔字號田四畝一分八釐七毫丁調梅捐國字號田二畝三分潘家

揆捐場字號田一畝三分九毫三絲此項租錢歸歲科一等首二名遇鄉試年分同頂貢預貢經收分給載在嘉慶志今查捐田碑記碑在經正書院講堂之左道光時統歸經正書院司事經理作承澤歲修等費碑上載何君逵捐章字在字號田二畝一分五釐六毫亦作承澤歲修費經正書院自楊令創建迄今六十餘年凡置院產錄如左

一道光十二年署知縣楊溯洢等捐弔唐等字號田三百八十六畝零內除邑紳徐迪惠捐田一百畝作公車路費地四畝八分池四釐山一畝屋三間又續捐鱗翙等字號田四畝七分零地四畝零池一分零已上細號畝分詳載五美錄并書院碑記係城都三里

新立麗澤庄經正書院戸承糧是年楊溯淨奉憲勘丈瀕江沙地一千三十九畝零在沿江梅塢等庄按庄編立日升月恆竹苞松茂大有慶十一字其徵租撥入書院徵租道光十二年立捐定額載明五美錄

田碑記碑監講堂左壁內有五美錄所未載者如袁濡等捐置產業袁濡捐守字號田二畝往字號田三畝宿字號田三畝三分孫德峻捐和字號夜字號田五畝王漢泝捐道字號田二畝四分車松厓抵入鳳字號田二畝谷元顯捐翔字號田一畝二分一釐六毫經艮德捐章字號田四畝二釐一毫陳英才文瑞捐鱗字號田一畝一分零池五釐吳均捐夜字號墾田一畝三分李錦捐墾田四畝八分陳聖裕捐墾田四畝六分零大覺庵撥入有字號田四畝四分零又地六畝零又山一百九畝東城轎會撥入墾田二畝六分零郭學江捐發字號田二畝零王吳氏捐伐字號山價三十千文俞王氏抵入

藏字地内樓屋一間李雲仙捐服字地七分俞傅村斷入沙地三十二畝零謝楊氏撥入𤰝地三畝零錢藻捐愛字號地内屋兩間李家鯤捐羌字號地内屋九間均歸書院承糧徵租

一咸豐間書院新置天字二百三十六號田九分九釐八毫田在蘿巖山下

一同治二年書院司事經營之捐助元字號田七畝二分九釐

一同治八年監生賀學榮稟助豐惠橋北平屋一間至九年知縣余廷訓斷革役張瑛新街口化字號樓屋兩間充公歸入書院

一同治十一年書院新置元鳴等字號田一百三十畝零至十二年又續置田九十七畝零田在縣東一都暨二十三都等庄計鳴字號共二十七畝一分五釐八毫宙字號共三十八畝五釐一絲元字號共一百三十三畝六分七釐四絲鳳字號共六畝一分四釐四毫九絲地字號七分七釐七毫三絲又元字號池共一畝六分六毫係城都四里麗澤庄經正書院戸承糧

一同治十二年職員杜儀禀助王字六百九十六號田一畝五分三毫

一光緒十四年知縣唐煦春斷監生阮宗漢等南匯充公沙地六百六十畝六分撥入書院徵租

一光緒十九年知縣儲家藻斷季玉坡李字號田共七畝三分六釐二毫三絲柰字號田共七畝一分七釐六毫撥入書院徵租以上俱據縣冊新纂

附經正書院藏書

御纂七經周易折中書經傳說彙纂詩經傳說彙纂春秋傳說彙纂禮記精義周禮精義儀禮精義各一部

御批通鑑輯覽一部　正誼堂全書一部以上光緒六年署知縣徐幹捐藏

皇淸經解一部　續

皇清經解一部二十四函　資治通鑑一部　續資治通鑑一部　十三經註疏一部　通鑑紀事本末一部　廿二子一部　文粹一部　文選一部以上光緒十八年公款置五種遺規四部以上書籍統歸監院掌管不准出借遺鈌○新纂

尊經閣　在經正書院內東北隅道光十九年知縣龍澤澔籌建龍澤澔記略各學皆有尊經閣以儲六籍上虞獨以宮牆地隘是典鈌然道光己亥春余旣卒邑人重新　聖廟會其贏餘卽於經正書院東偏建尊經閣三層上祀奎宿中藏經籍籍其出納備師生講肄閣聳雲霄爲邑城望匪惟式瞻觀之美實於是卜經學之昌多士景仰聖言庶幾知所以尊乎　尋圯光緒十七年知縣唐煦春籌款重建唐煦春記略　皇帝御極之十有六年修

造志書春乃設局於經正書院公餘時時過從見巽方有層樓高聳而梁棟欹斜簷瓦零落岌岌乎勢將崩墜者非前令龍公澤灝所建之尊經閣乎今去龍公不過五十年耳而任其朽腐敗壞不加修葺將所謂經者何存而所謂尊者安在春來宰斯邑亟思興廢舉墜以盡職守時志局諸君共相慫恿即屬宋君棠料量其制之崇廣而督視其工之完固自光緒庚寅臘始七易月告竣蓋將以闡揚文教使一邑研經之士接踵興起本所習以侍經筵庶無失乎學古入官之意此有父母斯民之職者所宜諄諄焉爲多士勸也遂援筆而爲之記

○據本碑新增

義塾

羅氏義塾　在縣北三都羅氏大宗祠旁據採訪冊新增

介祉義塾　在縣北三都小越袁氏家廟内咸豐九年侍

郎袁希祖典試福建回里捐俸創立袁天錫袁嵩續捐爲族中子弟延師課讀據採訪冊新增

經氏義塾　在縣北三都驛亭經仲溝側咸豐六年邑人經緯出己貲建講堂書舍及大門船廳向東北隅建魁星閣并置田三百六十餘畝爲族中延師教讀並恤嫠贍老之用　知縣劉書田撰記略經君芳洲少孤苦性孝友未弱冠即學賈販於蘇之上洋垂四十年獲有餘貲不置生產先以買祭田建祠堂立義塾爲首務余聞而喜曰如經君者眞所謂孝義可風足爲四民勸者乎若夫塾以學爲本學以師爲要苟爲之師者誘掖獎勸以磨厲後進彼秀而文者固可以登科目膺顯官爲　國家名臣以高大經氏之門即魯而鈍者亦得知孝悌友恭廉讓節儉不失爲一鄉善士此經君之所

望於族人而余樂爲其族人告者是爲記○據採訪冊新纂

四知義塾　在縣北五都岑倉堰里人楊笑峰建據採訪冊新增

謝氏義塾　在縣北五都謝家塘謝兆蘭奉母羅氏命建助成字號田二畝六分零爲基址并置閏歲律藏字號田二百一畝賙恤族人及族內無資讀書者俱令入塾就學嘉慶二十一年稟縣詳憲備案勒碑據採訪冊新增

王氏義塾　在縣北五都方村道光二十一年王步鼇捐資建并置修膳田四十畝零據採訪冊新增

楊氏義塾　在縣西七都瀝海所南城楊國棟建設經棠

二館延師教讀捐糧田六十畝以資束修膏火並助田二十五畝零以給楊氏子弟應試費道光二十六年請憲立碑據採訪冊新增

陳氏義塾　在縣西八都埠頭村陳次沐陳堯賢陳振聲同建有霜露字號田十畝零據採訪冊新增

前江養正義塾　在縣西十都前江村同治二年金孫李三姓同建先有日觀庵因産涉訟知縣陳備恪斷以庵爲塾延師課徒尋以離村遠就學不便里人金鑑禀縣立案移建村內有時字號田二十畝爲修脯資採訪冊

蒿峰義塾　在縣西南十一都蒿壩鎮光緒十六年蒿江釐局委員顧璜捐廉創建其修脯由釐局支應顧璜記略蒿壩地方人民富庶幼稚衆多亟宜及時敎之俾一鄉多培一端人正士即爲一鄉多一表率則效前型引掖後進所以端風俗而正人心胥賴乎此璜司榷於斯不忍坐視其有養而無敎爰捐資籌費設立蒿峰義塾使凡無力從師者來茲就學議定規條課程創興斯舉璜轉瞬瓜期及代惟願後之人與地方紳耆塾董隨時加意俾垂永久不致中輟尤願擴而充之庶免額限見棄則更地方之幸矣○據採訪冊新增

王氏義塾　在縣西南十二都玩石莊康熙間王承謨籌建并置田二十畝以充塾中諸費知縣邱兆熊有記○據採訪冊新增

金氏義塾　在縣西南十四都章鎮光緒十一年金埅及

弟姪輩建計屋三十餘楹前建魁星閣内設經蒙兩館課子姪後堃復置皇制字田四十餘畝作諸生膏火乃虞制字田六十餘畝爲延師修脯據採訪冊新增

丁氏養正義塾　在縣南十八都湖溪村道光二十九年丁文秀捐陶問弔唐字號田三十餘畝建平房三間延師課本村丁唐兩姓蒙童據採訪冊新增

方山義塾　在縣南二十都下管明徐文彪建并撥稔田一十畝作膳修之費賈大亨有記　尋圯據採訪冊

殷公曰助義塾　在縣西南南嶨村賈俊發等籌資建置

坐字等號田二十七畝二分九釐三毫作延師課徒之費採訪冊

坤麓義塾　在縣西南二十一都東溪村同治間周鼎鐘首先捐錢二百千文又門字號田二十四畝暨周爾鎰助基建造正屋三間庖湢俱全據採訪冊新增

古小學　在縣治宣化坊前西偏卽惠民藥局故址宏治間韓日誠請佃嘉靖甲申知縣楊紹芳令生員陳驥等諭其族汎淞復還之不受價建社學乙未火知縣張光祖重建額曰古小學萬歷初年又圯乙酉知縣朱維藩

重建邑人陳絳爲之記萬曆志崇禎間邑人陳維新撈請
佃例築入宅內　國朝康熙七年奉文清丈查復議建
未果康熙志嘉慶志尋廢汛官圈以養馬今遺址猶呼爲馬園
沈奎刊補

鄉會試諸費附

會試公車路費道光十二年邑紳徐迪惠捐田一百十九
畝零弔字號田五十畝九分零位字號田七畝三分零讓字號田五十四畝二分零位字號田七畝零
給發新舊舉人進京會試及優拔貢進京朝考副貢進
京就職等費詳憲立案勒石學政陳用光撰碑立經正書院○新增○按徐氏此

田分十九畝零助作書院經費以一百畝作本邑舉人公車路費五美錄載此田仍歸徐氏經理收花積算値會試前一年十二月初一日照撫憲咨文給發由本縣起程者給全股留京者減半優拔貢赴朝考者亦給全股副貢赴京就職者給半歲貢卷費酌給五千其已經領去或有事故不及起程或中途逗留不及到京者候回籍後仍復繳還至舉人已作教官者自有俸廉不得派給

鄉試路費乾隆二十七年邑人錢必邁捐田三十畝零田在縣東南茆寨計騎字號田共十九畝一分七釐九毫五絲章字號田共十一畝三分四毫呈請撫憲莊每遇正科年分給士子路費又嘉慶七年邑人葉向宸捐田二百畝田在縣西南花衕計官字號田共二十二畝三分七釐二毫人字號田共三十二畝九釐六毫六絲六忽皇字號田共九十七畝四分四釐五毫二絲制字號田共十一畝一分七釐四毫字

字號田共五畝二釐四毫乃字號田共三十一畝九分一釐六毫呈請撫憲阮作士子
鄉試赴省費十三年奉制憲阿移文內開此項路費以
周寒畯其敎職監生捐貢不得一例濫給以上據嘉慶志又道
光七年邑人楊光南捐田六十一畝零田在七都南門莊東門莊鄉試戶承糧計露字共三十九號共田六十一畝五分九釐六毫經撫憲劉奏准永作士
子鄉試路費又光緒十四年楊光南之孫懿復增助田
十一畝計露字號田共四畝九分二釐五毫結字號田共一畝一分一釐五毫霜字號田共四畝九分一釐四毫一絲五忽○以上據採訪冊新增

案以上鄉試費田共三百三畝有奇統歸頂貢次貢及歲科試一等首名協同經理收稍存典俟賓興年分發

給入闈士子惟帶有捐職者不給是項向由場前分給致起弊端縣學則有但考遺才不應鄉試具名領取者府學并有不考遺才冒名領取者書斗串棚漏卮不少光緒十七年經廩生黃誠沂　恩貢陳世楷副貢朱孔陽會同葉楊後裔葉芳嶼葉祥齡楊懿等新立條款具稟批准刊印章程

錢氏鄉試公費章程

一糧賦業經備案概免平餘

一此項公款歸頂貢次貢經理每逢正科鄉試後交換

一稍價除官糧外每年可存方錢三十千文

一稍價拖遲不能存當生息向歸頂貢次貢陸續收存免算利息至收稍催稍及晉省盤費亦不開銷

一到省分給公費董事及本家一人與葉氏楊氏合寓八月十三日起十八日止開銷貫寓伙食錢四千文本家盤串錢五百文

一三年公費照首場點名冊人數派分此外本家坐一股董事各坐兩股

一鄉試畢與葉楊合同造冊通報開銷紙筆費一千文

一開銷莊書每年紙筆費四百文

葉氏鄉試公費章程

一糧賦業經立案直銀兌換不取平餘　一董事歸項貢次貢二人以及歲科考一等首名協同經理收稍自正科鄉試年分八月廿五日起凡三年　一收稍盤纏費每年七千文三年積計錢共廿一千文　一董事及本家貫寓伙食伙工錢共廿四千文　一解錢到省盤費錢及貫錢包細索劾力人錢共四千文　一支應學師供膳錢四千文　一學書紙筆飯費錢一千文　一本學門斗點心錢一千六百文　一莊書三年紙筆費錢六千文　一報銷紙筆費上下每科錢六千文　一開銷本路門斗每科收票勞金四百文　一給武場不拘名數多少每科歸武一等一名給發計錢三十千文　一除開銷諸項外其錢若干照首場點名冊實在人數派勻給發此外本家坐一股歲科一等首名各坐一股惟項貢次貢各坐兩股　一每科董事照廩生次序以項貢次貢經理若已出貢不得與聞其事歲科考一等首名如有事故不到省盤纏及酬勞股分俱不給歲科考一等二三名亦不得代理

楊氏鄉試公費章程

一糧賦業經立案直銀兌換不取平餘一董事歸頂貢次貢二八以及七都內貢廩增附中照資格派一八協同經理按次接管不得攙越先二年十一月初一日收稍一鄉試時董事及本家貰寓錢伙食伙工錢共十八千文一解錢到省盤費包索等錢共三千文一支應學師錢二千文一開銷學書紙筆飯費錢一千文一開銷門斗點心錢一千三百文一莊書三年紙筆費共錢一千八百文一報銷費錢每科三千文一七都門斗每科催稍收票勞金錢四百文一武場不拘名數多少每科給錢十千文每科歸武一等一名給發一除照入場名數分給及諸項開銷外本家坐一股七都董事一八坐一股頂貢次貢坐兩股一董事本家等人必親到寓經理合賬若不到者盤串股分免給一凡在上虞籍者無論貢廩增附府縣學俱按名分給惟帶有捐字者不准給其有應給而自不願領者其錢派入公衆一併分給一已出貢者照葉氏章程不得與事

案以上錢葉楊費向係八月初上分給今因冒領者多議定場後十七日照首場點名冊人數分給如門斗有混冒者查出呈縣究追○新增

科舉費向章一百零八兩兵燹後減半歸科試首名持本縣文向藩庫往領內提五兩歸武科領費及學師書斗禮房諸費亦減半給付餘銀科試一等至三等第十名及遺才首名科試新進首名均派新增

童試卷費咸豐元年邑人朱寅夏廷彥俱遵父遺命合捐田五十畝朱助二十九畝零夏助二十畝零法字號田共二十五畝三分六釐九毫四絲四忽垂字號田共三畝四分九釐六毫坐字號田九分七釐官字號田共五畝一分七

鰲三毫師字號田共十五畝一分九釐一毫以作闔邑童生縣府院試正場卷金知縣孫夢桃詳憲批準勒石案詳憲在道光朝立碑已在咸豐元年○又案五美錄載免童試卷金章程每於試前給付禮房錢二十千文縣府院試合共給卷金六十千文嗣以經費不足事仍中止茲得朱夏二君助田捐免童生縣府院試正場卷金其覆試之卷仍歸本童自行給付至童生於院府縣試塡冊之後或有事故不考在後補考者雖係頭場亦仍自行給付○新增

上虞縣志校續卷三十七　學校志

上虞縣志校續卷三十八

武備志

兵制

宋

宋史兵志宋之兵制大槩有三禁軍廂軍而外選於戶籍或應募使之團結訓練以爲所在防守則曰鄉兵又高宗紀建炎四年七月詔江浙州縣諭豪右募民兵據險立柵防遏外寇玉海乾道八年二月置忠武軍選二浙土兵弓手爲之九年四月密院言忠武軍藝已精歸之州縣

梁湖堰營　在縣西額五十八人嘉泰會稽志

打竹索營　在縣東嘉泰會稽志

通明堰營　在縣東額二十五人嘉泰會稽志

弓手　額七十八嘉泰會稽志

佛跡山寨　在縣西北萬曆府志

元

元史兵志諸路府所轄州縣設縣尉司巡檢司捕盜所皆爲立巡軍弓手職巡邏專捕獲官有綱運及流徙者至則執兵仗導送以轉相授受外則不敢役示專其責焉

軍營　在縣治西南正統志

佛跡山寨　在縣西北至正年間設正統志

明

續文獻通考洪武元年以太史令劉基奏立軍衞法乃自京師達於郡縣皆立軍衞大率以五千六百人爲衞一千一百二十八人爲一千戸所一百一十二人爲一百戸所設總旗二名小旗十名凡軍之政必聽於衞衞下千戸所千戸督百戸百戸下總旗小旗卒其伍卒以聽所明會典洪武二十六年定凡天下要衝去處設立巡檢司僉點弓兵應役從信錄正統十四年九月令各處招募民壯就命本地官司卒領操練遇警調用泳化類編宏治間令州縣選民壯年二十以上五十以下精壯之人州縣七八百里者每里僉二名五百里者三名三百里者四名一百里以上五名春夏秋每月操二次至冬操三歇三遇警調集官給行糧

瀝海所官兵　千戸一員百戸八員鎮撫二員額軍一千一百二十名帶管一百名召募一百五名萬歷府志

本縣民兵　額四百名萬歷府志

弓兵　黃家堰廟山二巡檢司各設弓兵三十四名梁湖巡檢司弓兵一十二名萬歷府志○案嘉靖初沿海弓兵獨倍他處每司額設一百名與正軍同操有事聽調隨伍故通志海防黃家堰廟山俱作一百名倭變後因抽取工食始裁汰每司各存三十四名隨操亦廢

陸兵　前營左營中營每營總哨官一員部領哨官五員兵五百四十一名屬臨觀總統轄臨汛分發浙江通志

乾隆府志前營平時屯劄臨山衛操練防守遇警往來截剿汛期分發五哨內分一哨協守臨山衛巡哨周家路泗門烏盆趙港夏蓋山荷花池等處與防守瀝海所官兵會哨左營平時屯劄紹興府城操練防守遇警往

來截剿汛期分發防守三江所東哨宋家漊蟶浦等處與防守瀝海所官兵會哨中營平時屯劄臨山衛操練防守遇警往來截剿汛期分發一哨協守觀海衛又分一哨協守三山所二哨防守臨山衛巡哨周家路泗門夏蓋山等處一帶沿海地方又分一哨防守瀝海所巡哨槎浦西海塘浦西滙嘴等處與防守三江所官兵會哨

國朝乾隆府志順治五年經制額設紹興府副將管轄左右兩營每營於都司守備外各設千總二員把總四員康熙四十七年十月爲稟報事添設把總二員其左營千把七員分防蕭山諸暨新昌嵊縣向天嶺三江瀝海等七汛右營千把七員分防餘姚上虞觀海周家路梁衕中村北溪等七汛俱一年一調以均勞逸雍正五年署直督宣條奏案内增添右營外委千總二員外委把總五員巡防府城餘姚上虞臨山夏

蓋山周巷㳡山等七汛一
體協防巡緝俱一年一調
防守縣汛　輪防千把總一員浙江通志○案今駐防協係千總署建縣治東南
防外委一員乾隆府志○案今協防係外委千總駐曹娥兼轄百官梁湖曰曹梁汛嘉慶志作輪防縣汛千把總各一員誤馬步戰守兵丁原額四十名浙江通志乾隆四
十七年奉文裁改養廉公糧分防上虞實帶兵三十八
名內戰兵三名守兵十名分撥口汛戰守兵二十五名詳汛守
官例馬二四兵戰馬一四乾隆府志嘉慶間改設八十
七名內存汛二十六名分撥口汛六十一名詳見汛守○嘉慶志
同治二年郡城克復陸續召募無定額五年總督左宗

棠奏請減兵增餉閩浙總督左宗棠奏閩之兵額六萬二千浙之兵額三萬七千二百合計已近十萬豈不爲多如果一兵得一兵之用一制賊自有餘力何以巨賊入境所至成墟不但不能收一戰之功並不能爲一日之守也然則　國家每歲所耗之餉不重可惜乎假令事前兩省有素練之兵五萬以之援鄰以之保境豈不綽然何至遠恃客軍多縻巨餉惟其兵多故餉不能厚惟其餉薄故兵不能精此固前效之可覩者臣惟兵之應亟汰者四老弱疲乏之兵吸食洋煙之兵虛名占伍之兵塘汛零星之兵此皆無所用亦不可練者此外各標協營聽差傳號書識各色不預操練之兵實爲軍政之蠹亦應酌量裁減以實行伍約計應汰之兵至少不下四成有餘兵既減其員弁亦可酌量裁併所裁之廉俸薪乾亦可留養練兵挑留可練之兵即以裁兵之餉加給之餉米併計馬戰守兵日用足敷無須別營生業自可聚居勤練而免散漫荒嬉之弊塘汛零星之兵有名無實甚或窩留娼賭擾害地方若併歸總汛聚居勤練分段輪派巡緝聲勢較完訪察易

徧較之三五錯雜無人管束訓練者有別是減兵云者祇減此無用不可練之兵於兵制實無所損加餉云者即扣此項裁兵之銀於餉事亦無所加也浙江郡縣克復時臣即飭逃潰兵丁不準收伍此時議復常制祇須少募新兵當與浙省撫臣熟商定議並檄藩司楊昌濬專主其事等因奉　旨妥爲籌議辦理欽此六年總督英桂等會同議奏將浙省水陸各營共裁兵一萬三千八百二十九名實存兵二萬二千五百七十六名奉旨依議八年奉文額設兵丁三十五名內戰兵五名守兵十九名分撥口汎戰守兵十一名詳守汛官例馬二匹兵戰馬一匹千總養廉銀一百二十兩月支俸薪銀三兩外委養廉銀一十八兩月支餉銀三兩米三斗馬兵舊額每名月支餉銀二兩今改支三兩戰兵舊額每名月支餉銀一兩五錢今改支二兩五錢守兵舊額每名月支餉銀一兩今改支一兩五錢米各三斗馬乾舊額每匹月給銀一兩今例馬照舊戰馬改給草乾

銀一兩五錢已上養廉俸薪均於乾隆四十七年奉文裁改餘係同治六年總督英桂等議奏經兵部覆準奉

旨依議

○新纂

防守瀝海所汛　輪防千把總一員案今駐防係把總署建所城外委一員案府志作額外外委係乾隆二十六年兩江總督尹條奏案內增設今裁馬步戰守兵丁原額九十四名浙江通志乾隆四十七年奉文裁改養廉公糧分防瀝海所實帶兵七十二名內馬兵七名戰兵十五名守兵三十五名分撥臺汛口洨守兵十五名詳汛守官例馬二匹兵戰馬八匹乾隆府志同治五年總督左宗棠奏請減兵增餉八年奉文額設兵丁一十八名內戰

兵三名守兵六名分撥臺汛口次守兵九名（詳汛/守）官例

馬二匹（把總養廉銀玖拾兩月支俸薪銀叁兩/兵餉及馬乾銀兩並同縣汛。新纂）

防守夏蓋山汛　外委一員（案今駐防係外委把總/本汛無營署駐劄崧厦）戰守

兵丁原額二十九名（浙江/通志）乾隆四十七年奉文裁改養

廉公糧分防夏蓋山實帶兵二十八名內戰守兵十八

名分撥臺汛守兵十名（詳汛/守）兵戰馬一匹（乾隆府志同/參嘉慶志同）

治五年總督左宗棠奏請減兵增餉八年奉文額設兵

丁一十一名內戰兵一名守兵六名分撥臺汛守兵四

名（詳汛/守）兵戰馬一匹（外委養廉銀壹拾捌兩月支餉銀/叁兩米叁斗兵餉及馬乾銀兩並）

○同縣汛

○新纂

民兵　額設五十名俱募壯健者充補内分鳥鎗二十名弓箭二十名長鎗十名與兵丁一體防守雍正十二年裁汰一十八名實存三十二名每名工食銀原額柒兩貳錢順治九年裁壹兩貳錢每名給銀陸兩遇閏加伍錢○新纂

弓兵　額設黄家堰巡檢司弓兵八名廟山巡檢司弓兵一十一名梁湖巡檢司弓兵一十名專司巡鹽捕盜之事康熙三十九年裁撤黄家堰一司並裁弓兵餘如舊制每名工食銀原額柒兩貳錢順治九年裁銀壹兩貳錢十四年續裁貳兩肆錢每名給銀叁兩陸錢遇閏

加叁錢○新纂

鋪兵　額設衝要五鋪蒿陡司兵五名崑崙池湖蔡山板橋司兵各四名次衝要六鋪縣前通明查湖華渡蔡墓新橋司兵各四名偏僻四鋪夏蓋烏盆踏浦瀝海司兵各三名平時傳遞公文遇警馳報衝要二十一名每名衝要二十四名每名工食銀柒兩貳錢偏僻十二名每名工食銀陸兩遇閏俱照加○新纂工食銀捌兩肆錢次

看守城門兵　本縣及瀝海所每門五名係額設兵丁内輪流派值乾隆府志同治八年裁改營制各按兵數派守新纂

鄉兵　咸豐年間粤匪亂各鄉奉　憲檄設立團勇無定

額糧由民給事平撤去新纂

教場　舊在縣治西七十步居民侵爲業後改在縣治東按察分司署旁萬曆府志今在縣治東等慈寺側嘉慶志

汛守

瀝海所汛　在府東北七十里纂風鎮去海里許東衛臨山西捍黃家堰近海岸有施湖隘四滙隘爲汛守要地洪武二十年信國公湯和建城上分轄詳建置案會稽縣志會置官兵戍之制詳兵轄臺一曰西海塘烽堠三曰槎浦曰胡守池曰榑樹巡檢司一曰黃家堰巡司　國朝分設汛守東

至上虞縣六都二十里與夏蓋山汛接界西至會稽縣三十三都扺海南至上虞縣七都偁浦江與三江所接界北至會稽縣三十三都半里扺海左營千把總帶兵駐防詳兵制轄臺二曰北門臺案本臺屬會稽地東十里至踏浦臺曰踏浦臺口次一曰西滙嘴本所原設判官新礮二臺於康熙五十六年奉裁浙江通志

夏蓋山汛　在縣西北六十里南臨夏蓋湖西近三江口北枕大海舊有烽堠洪武中築臨山衛所轄案嘉靖間備倭奴通判雷鳴陽率兵駐此詳見古蹟蓋山亭碑國朝增設汛守東至五都陳倉

堰與臨山汛接界西至六都萬壽菴與瀝海所汛接界南至雁埠南塘三十里與餘姚縣汛接界北抵海右營千把總帶兵駐防案今駐防係右營外委詳兵制臨山守備兼轄轄臺二曰荷花臺曰顧家臺浙江通志

中原堰　在縣五都有廟山巡檢司城舊駐餘姚之廟山洪武二十年徙今所仍故名萬曆府志。詳建置設弓兵防禦浙江通志

國朝康熙八年巡檢司移駐臨山衛城兼轄中原堰毗連一帶新纂

黃家堰　在縣西北七十里纂風鎮有巡檢司城舊駐府

城東北六十里黄家堰洪武二十年徙瀝海所西宏治中徙今所萬歷府志〇詳建置設弓兵防禦浙江通志　國朝康熙間巡檢司裁備稿

烏盆隘　在縣五都萬歷志汛守要地舊有烽堠洪武中築臨山衛所轄浙江通志

趙港　在縣五都乾隆餘姚志舊有烽堠洪武中築臨山衛所轄浙江通志

槿浦　在縣西六十里舊有烽堠洪武中築瀝海所所轄浙江通志

施湖隘　四滙隘　在瀝海所舊以二處海水衝激賊船易泊特立寨委官一員旗兵五十名守之今廢天下郡國利病書

瀝海所所轄浙江通志

西滙嘴　在黃家堰明嘉靖三十二年倭賊登犯天下郡國利病書

國朝康熙五十六年增設口汛爲邊海緊要東至本所城五里西北抵海浙江通志

瀝海所所轄撥守兵五名

烟墩三座乾隆府志同治間改撥守兵三名新纂

踏浦臺　康熙二年築東五里至萬壽菴與夏蓋山汛接界浙江通志

瀝海所所轄撥守兵五名烟墩三座乾隆府志道光

二十一年巡撫劉韻珂籌辦海防檄知縣劉廣湄重修並建營房三間今圮同治間改撥守兵三名新纂

荷花臺　明初僅設荷花池烽堠屬臨山衞所轄國朝康熙二年改築臺後倒入海中夏蓋山汛所轄撥守兵五名烟墩三座浙江通志參府志舊建營房三間今圮同治間改撥守兵二名新纂

顧家臺　康熙二年築東至黄家路十里烏盆地方與臨山汛接界西至夏蓋山十里浙江通志夏蓋山汛所轄撥守兵五名烟墩三座乾隆府志道光二十一年巡撫劉韻珂籌

辦海防檄知縣劉廣湄重修並建營房三間今圮同治間改撥守兵二名新纂

案嘉慶志載康熙十年紹協鎮左營都司王自功移文內開上虞縣沿海有踏浦臺荷花臺顧家路臺埜橋路臺崔家路臺趙家路臺勝山臺曲塘臺今已奉文撤防考原文稱紹屬二十四臺外尚有蕭山之長山臺餘姚之臨山北門臺二臺俱同時建造今已奉文撤防非謂各臺俱撤防也舊志失於體認而於夏蓋山臺汛仍開列守兵各五名前後疏舛惟查臺寨防守僅踏浦荷花顧家臺三座隸於本縣其餘則歸餘姚之周巷滸山汛慈谿之觀海衛汛非本縣所轄不贅錄

又案嘉慶志海防載有臨山衛一汛浙江通志云衛在餘姚西北五十里初置廟山上後徙上虞故嵩城戍守去海三里並海築城舊志蓋據此列入不知通志所云明係徙故嵩城於臨山衛萬歷府志亦云洪武二十年

信國公湯和經畫浙東以餘姚東北控大海慮島夷或竊發上虞非要津也乃奏徙上虞故嵩城於餘姚西北五十里廟山之上並海而城之爲臨山衛是衛城在前明時本屬餘姚　國朝亦然不得列入本縣汛守今刪

右沿海汛

百官　在縣西北四十里萬歷志唐舊縣址萬歷府志明移梁湖巡檢司駐百官市明史地理志設弓兵防禦乾隆府志今如舊制曹梁汛所轄同治間撥守兵一名烟墩三座新纂。案百官上接龍山下通瀝海所西鄰江爲縣境要口

曹娥　在縣西三十五里嘉泰會稽志縣汛所轄撥戰兵一名守兵四名烟墩三座乾隆府志後改撥十三名嘉慶志舊建營

房五間瞭樓一座咸豐十一年燬今曹梁汛駐劄同治間改撥戰兵一名守兵六名新纂○案曹娥前接東關後背大江亦一要害也

梁湖　在縣西三十里萬歷府志宋時有營嘉泰會稽志　明置巡檢司本治梁湖尋遷百官市仍故名明史地理志　縣汛所轄撥戰兵一名守兵四名烟墩三座乾隆府志後改撥十三名嘉慶志舊建營房三間瞭樓一座咸豐十一年燬今曹梁汛所轄同治間改撥守兵二名新纂○案梁湖西控娥江東接運河又北有蘭風山舊與餘姚之石堰均爲海浦要地見讀史方輿紀要

蒿壩　在縣西南四十五里萬歷志　縣汛所轄撥守兵五名

烟墩三座乾隆府志後改撥七名嘉慶志同治間改撥守兵一名新纂○案蒿壩在曹娥江西岸接會稽界紹台二郡往來通衢

上浦　在縣西南四十里萬歷志縣汛所轄撥兵四名烟墩三座嘉慶志同治間裁新纂○案上浦亦接會稽界與王家滙鋪山頭均爲沿江要區

王家滙　在縣西南縣汛所轄撥兵四名烟墩三座嘉慶志同治間裁新纂

鋪山頭　在縣西南縣汛所轄撥兵四名烟墩三座嘉慶志同治間裁新纂

章家埠　在縣西南四十里萬歷志縣汛所轄撥兵四名烟

墩三座嘉慶志同治間裁案章家埠濱於江南接三界通剡台最衝要已上五

口汛舊俱有營房歲久傾圮新纂

三界在縣西南六十里萬歷志漢始寧縣舊址萬歷府志嵊縣

汛所轄撥兵防守烟墩三座乾隆府志

右沿江汛

佛蹤山在縣西北四十五里名勝志○嘉慶志蹤一作跡宋元俱有

寨天下郡國利病書

麇家山在縣南六十里萬歷志與餘姚接界進東南三里

即大嵐山地甚僻新纂○案嘉慶志作天當奉化嵊二縣界非元有巡檢司下

郡國利病書

寨嶺　在縣南六十里古潭山西宋時鄉人禦倭寇於此萬歷志山口有更鼓巖寇至民於巖上駕鼓新纂

雙溪嶺　在縣南二十五里李溪之上萬歷志同治元年鄉兵誘賊中伏處新纂

筆竹嶺　在縣東二十里接餘姚境萬歷府志○案府志險要繫此於餘姚縣下其爲縣境要口不復載今增補

智果店　在縣東北十五里嘉靖中倭入犯官軍卻之即此讀史方輿紀要○嘉慶志店一作寺

通明堰　在縣東三里萬歷府志宋時有營嘉泰會稽志已上七處皆縣汛所轄新纂

中堰　在縣東十里萬歷府志縣汛所轄撥戰兵一名守兵四名烟墩三座乾隆府志後改撥六名嘉慶志同治間裁新纂

崔王　在縣西七里萬歷府志縣汛所轄撥戰兵一名守兵四名烟墩三座乾隆府志後改撥六名嘉慶志同治間裁○已上二口次舊有營房歲久傾圮新纂

右內地汛

萬歷志邑治舊在百官濱江蕞爾其蹂躪於孫寇無足怪者然不知今治之在當時豈盡町疃之場耶漢永建

間會稽守周嘉請分南鄉爲始[寧]縣蓋慮其地曠遠而鮮制馭故立治以爲之犄角耳晉謝靈運嘗率家僮數百人自南山伐木開徑直抵臨海太守驚謂山賊趙宋時倭寇突至上山鄉土人柵木禦之不能破今謂之寨嶺則南鄉如三界宜有備也宋亡張世傑舟覆於海其潰卒闌入焚掠廨宇元末方寇據有明州截娥江以西拒屯劄於通明堰則姚江不足爲我屏障東鄉宜有備也我朝嘉靖乙卯島倭三至城下兩從餘姚篠嶺而入則東南鄉宜有備也北自袁崧築滬以拒孫恩之後幸久無事所以湯信國撤虞城而城臨山者亦袁滬之遺意又於沿江一帶設巡檢司如廟山黃家堰等處以與臨山爲聲援是北以西之江鄉宜有備也虞固非必爭之險而環顧四郊無可倚恃脫不幸饑荒洊仍疢癘間作一旦盜乘其隙豈得令閭舍之弱民安枕臥乎故當內練丁壯外謹烽堠晝令村隘以譏察夜嚴街鼓以巡警防守固而備禦周庶乎潛杜不逞者之狂心而可以應卒矣 案虞邑延袤百里面山背海襟帶娥江固所謂天險也萬[歷]志就四境所至綜論利害頗得其要領

至嘉慶志别立險要然所載七處第據萬[歷]府志爲本餘仍未詳我朝數百年來德威廣被山海靜謐衆志成城惟隨時防範之道未可以承平日久稍形廢弛謹自沿海以迄内地詳列古今汛守以昭愼重其無營汛烽堠而地屬要害者亦著於篇俾守土者資考鏡焉

兵事

晉孝武帝時妖賊孫恩自海攻上虞案縣治時在百官殺縣令進襲會稽害内史王凝之於是三吳八郡時以會稽臨海永嘉東陽新安吳郡吳興義興爲三吳八郡一時奔潰旬日之間衆數十萬恩據會稽自號征東將軍號其黨曰長生人宣語令誅殺異己有不同者戮及嬰孩由是死者十七八畿内諸縣處處

蜂起朝廷大震遣衛將軍謝琰前將軍劉牢之討之並轉鬬而前牢之率衆軍濟浙江恩懼乃虜男女二十餘萬口逃入海牢之還鎮詔以琰爲會稽內史都督五郡軍事率徐州文武戍海浦四年恩復入餘姚破上虞進寇邢浦琰遣參軍劉宣之距破之恩退縮少日復寇邢浦乘勝至會稽琰出戰兵敗爲帳下張猛所殺牢之進號鎮北將軍都督會稽等五郡率衆東征屯上虞吳國內史袁山松築扈瀆壘緣海備恩五年破浹口牢之擊之轉寇扈瀆城陷害袁山松自後屢入寇不在越皆爲

參軍劉裕所敗明年寇臨海太守辛景討破之恩窮蹙乃赴海自沈妖黨復推恩妹夫盧循爲主自恩初入海所虜男女之口其後戰死及自溺并流離被傳賣者至恩死時裁數千人存而恩攻沒謝琰袁山松陷廣陵前後數十戰亦殺百姓數萬人據晉書列傳

南北朝宋泰始二年正月行會稽郡事孔覬與子都水使者璪並起兵案孔覬稱兵舊志依宋書書叛今改詳見軼事前鋒軍已渡浙江二月明帝遣建武將軍吳喜統劉亮等東平會稽亮等進次永興同市二十日上虞令王晏起兵攻郡覬東西

交逼率千餘人趣石湯值潮涸不得去嵴山民縛以送晏晏斬之東閤外據宋書孔覬傳纂

南北朝梁大寶元年侯景跋扈益甚遂矯詔自進位爲相國封漢王尋加宇宙大將軍都督六合諸軍事十二月張彪起義於會稽攻破上虞景太守蔡臺樂討之不能禁據梁書侯景傳

唐咸通元年正月浙東賊裘甫裘一作仇帥千餘人攻剡縣乙丑陷之時二浙久安人不習戰甲兵朽鈍觀察使鄭祗德召募新卒軍吏受賂率皆得孱弱者祗德遣牙將沈

君縱等將新卒五百擊甫戰於剡西官軍大敗於是山海諸盜及他道無賴亡命之徒四面雲集衆至三萬分爲三十二隊其小帥有謀略者推劉暀勇力推劉慶劉從簡羣盜皆遥通書幣求屬麾下甫自稱天下都知兵馬使改元羅平大聚資糧購良工治器械越州震恐鄭祗德累表告急且求救於鄰道及諸道兵至始令屯郭門及東小江尋復召還府中自衞朝廷知其懦怯議以前安南都護王式代祗德爲觀察使詔發忠武義成淮南諸道兵授之初甫分兵掠衢婺州婺州今金華府及明州今盜

波府皆有備不得入又遣兵掠台州破唐興三月己巳甫自將萬餘人掠上虞焚之所過殺其老稚盡俘少壯者以去癸酉入餘姚東破慈谿奉化據寍海分兵圍象山及王式除書下浙東人心稍安裘甫方與其徒飲酒聞之不樂賊黨劉暀說甫急取越州遣兵西拒甫不從夏四月式至修軍令分軍東南進討乃命宣歙將白琮浙西將淩茂貞北來將韓宗政率本軍土團合千人石宗本率騎兵爲前鋒自上虞趨奉化解象山之圍號東路軍時南路軍拔唐興亦大破賊又益以義成昭義兩軍遂克寍海甫

遁走六月甲申復入剡弍曰賊來就擒耳命趣東南兩軍會於剡悉擒之據通鑑唐紀

中和四年越州觀察使劉漢宏遣其將朱褒韓公玫施堅實等以舟兵屯望海杭州將錢鏐出平水與成及夜率奇兵破褒等於曹娥埭進屯豐山五代史吳越世家

案通鑑唐紀董昌謂錢鏐曰汝能取越州吾以杭州授汝鏐曰然不取終爲後患遂將兵自諸暨趨平水鑿山開道五百里出曹娥埭浙東將鮑君福率衆降之鏐與浙東軍戰屢破之進屯豐山所紀較詳考曹娥埭即北津埭江之東有南津鮚埼亭集浦陽江記南史浦陽江南北津各有埭司以稽察行旅胡梅磵曰南津埭即今之梁湖堰北津埭即今之曹娥堰與西陵埭柳浦埭實於六朝稱四埭今南津埭故道久失胡氏所指梁湖堰

明嘉靖間亦改築然據通鑑所載則出彼必入此戎馬雜遝虞當其衝矣

後唐長興三年梁鎮海軍指揮使錢元珦以兄吳越國王元瓘新嗣位令兵士稱盜刧上虞庫殺令裴昌符尋謀逆事敗賜死錢玫家山鄉眷錄

宋宣和二年冬十月建德軍淸溪妖賊方臘反三年陷上虞燬民居及等慈寺其後臘擒餘黨走險剡縣魔賊仇道人應餘黨而起破剡縣新昌上虞據宋史徽宗紀李莊簡集泊宅編○案刋誤援據宋史指臘寇爲不患虞然俗稱梁湖有福泉山土名大頂尖山頂廣約畝許相傳臘屯兵於此又有袋頭山亦以臘儲糧名顧皆居民之說於志乘無可考其可據者有康熙志遺德廟記宣和七年八月敕詞

云浙部使者奏上虞遺德廟當睦寇猖狂引兵壓境忽素旗出於廟中賊衆駭愕謂官兵已至遂退走睦寇卽方臘相去四年見聞較確非可飾詞奏請又李莊簡集等慈寺鐘銘寺於上虞爲大伽藍經方臘之變金碧之區鞠爲草莽越二十一載有僧首妙智大師志遠始出衣囊與其徒法常兼募衆緣經營而一新之其時爲紹興十一年辛酉莊簡以邑人述邑事其言要爲確據是方臘破虞具有明證刊誤所辨當不盡然

建炎三年十二月金人阿里蒲盧渾御批通鑑輯覽作阿里富埒緷入越州宣撫郭仲荀奔溫州知府李鄴降蒲盧渾遂濟曹娥江續通鑑綱目○案婁寅亮縣治記云金虜大入火其邑見正統志

元至元十三年宋張世傑挾潰卒奔玉山故婺寇經剡而來剽掠縱火邑居燬十五年二月世傑舟覆於厓山其

潰卒復闌入城焚廨宇據萬歷志

至正十八年方國珍遣兵侵上虞國珍一作谷珍台之黃巖人八年始倡亂海上掠州縣有司憚於用兵一意招撫累進國珍官爲海漕萬戶弟國璋爲衢州總管國珍既受官據有溫台慶元之地益强不可制至是遂侵據上虞截娥江以爲界西拒紹興復分兵屯通明堰明年十二月元以國珍爲江浙行省平章政事國珍復受之紹興路錄事邁里古思與石抹宜孫平處州山賊擢江東廉訪司經歷仍留紹興會國珍侵據紹興屬縣邁里

古思欲率兵往問罪先遣部將黃中取上虞中還將益兵是時朝廷方倚重國珍資其舟以運糧御史大夫拜住哥與國珍素通賄賂情好甚厚使人召邁里古思以鐵鎚撾殺之二十四年十月遣弟國珉築縣城舊止一里國珍以虞爲西鄙案顏氏譜宣慰使顏惟賁隨江浙行省討國珍時國珍據三郡以上虞爲西鄙乃大加繕治廣十有三里置詳建設兵自備二十七年九月明太祖既克張士誠遂命湯和吳楨率常州長興江陰諸軍討之楨引舟師乘潮入曹娥江毀壩通道出其不意上虞降案谷應泰明史紀事本末十月癸丑命湯和爲征南將軍吳楨爲副將軍十一月湯

和兵自紹興渡曹娥江進次餘姚　大軍長驅抵餘姚拔
降其知州李樞上虞縣令沈煜
東廐別將又攻下台溫國珍懼乞降赦不誅三郡悉平
據元史石抹宜孫傳明史列
傳明從信錄萬歷府縣志

明嘉靖二年五月日本國即古倭奴唐咸亨初改日本貢使宗設萬歷府志作宗設謙抵寧波未幾宋素卿亦至互爭眞僞素卿本鄞縣
朱氏子名縞自幼鬻於夷先是正德四年曾充貢使爲
入傾險重賄市舶太監賴恩因得坐於宗設上又貢船
後至先爲驗發宗設怒遂相讐殺追素卿過上虞直抵
紹興城下素卿以竄匿得免凶黨還寧波所過焚掠縣

境爲之震動據明史日本傳萬歷府志

嘉靖三十年倭寇烏盆案烏盆隘在縣五都明年陷臨山二事本明謝讜蓋山亭碑詳古蹟去夏蓋山僅五里　三十二年歙人汪直勾諸倭大舉入寇連艦數百蔽海而至濱海數千里同時告警冬十二月林碧川率衆寇瀝海所城千戶張應奎百戶王守正張承俱死之三十三年正月蕭顯自松江入浙至海鹽參將盧鏜率兵迎擊賊由赭山遁走歷曹娥瀝海餘姚九月林碧川沈南山等率衆自楊哥入掠浙東及瀝海上虞三十四年四月淞浦賊自錢倉白沙灣抄掠[盜]海

趨樟村遂至邑東門外燒居民房屋渡江冬十月倭自樂清登岸流劫奉化餘姚上虞至嵊縣乃殲之時賊不滿二百人所經過處殺戮無算十一月淞浦賊復自溫州登海歷奉化犯餘姚南行入四明山地險巇官軍數戰不能勝會盧鏜軍至與戰于斤嶺于梁衕賊少卻走邑西龔家畈復至東門外時同知屈某適卒河南毛葫蘆兵駐虞迎戰于花園畈甫一合官兵敗北賊由北門外渡江去橫屍遍野慘酷不可言案舊志淞浦賊兩寇虞一作三十四年六月一作三十五年正月與府志稍異三十五年八月盧鏜擊賊於夏蓋山

三江海洋大破之俘斬甚衆據明史列傳籌海圖編萬歷府縣志

案倭寇虞始壬子迨甲寅乙卯以來擾害尤烈民遭蹂躪井里蕭條中間三薄城賴前令鄭芸修葺完固不能破鄉村則無有能抵禦者自盧鏜夏蓋山一擊賊鋒挫折始鮮倭患然人情洶洶雖數十年後猶危懼不自釋萬歷志云十六年夏六月東鄉譌傳倭寇至男女棄家號奔者如蟻競至曹娥爭不得渡墮水死者纍纍時虞城方圮壞居民益惶急縣令蔡淑逵促令修築倉皇莫辦聊以木柵禦之盡驅子民持戈握火登陴爲守歷三晝夜乃罷二十六年復譌傳倭寇自臨山而來鄉民逃竄縣令胡思伸夜出關王廟急召鄉大夫士民議備禦之計上下皇皇登陴爲守一晝夜而罷觀此則倭之寇虞亦慘矣

崇禎十六年奉化賊竺文竺武屯聚大嵐山刼掠四出撫按檄奉虞新嵊四縣勦平之嵊縣志

國朝順治二年明張國維朱大典陳函輝鄭遵謙熊汝霖孫嘉績迎魯王以海於台州監國紹興六月貝勒博洛等率兵趨杭州潞王常淓以城降并降淮王常清監國使于穎等畫江以守時　王師未東下橫弁肆掠甚於盜賊虞民病之三年六月丙子　大兵渡錢塘江紹興列戍驪潰馬士英阮大鋮嗾方國安使執監國以獻監國脫走航海　大兵定紹興進下寧波境內肅清民得蘇息據聖武記魯紀年南略浙記南疆繹史康熙志

順治四年餘姚人王翊字完勳越殉義錄作上虞人今據勝朝殉節諸臣錄及南疆

繹史係前明諸生曾監國時募卒海濱與防江諸師爲聲援授兵部職方主事己丑庚寅兩謁舟山累進兵部右侍郎浙東潰翃至舟山說黃斌卿來襲寍波許內應歸約寍波諸生華夏等起事未幾謀泄夏等捕入獄翃入四明據險自守乃結主寨於西北境之大嵐山號大嵐洞主案餘姚志本傳翃與張煌言邵一梓李長祥分營互應繹史謂是時浙東山寨鱗次大率招集無厲從事鈔掠惟煌言軍上虞之平岡長祥軍上虞之東山且屯且耕井邑不擾然皆單弱不如翃雄翃一於蔓延四明八百里內設五營五司五司主餉王江任之五營主軍翃自統之

五年案康熙志作四年南疆繹史以是年爲戊子當作五年春三月破上虞署知縣劉方至遇害夜半援兵至翃竄走

會故御史馮京第以湖州軍破間行入大嵐遂與合兵守杜嶼提督調浙西兵令山民爲導攻破之翊以四百人走天台依威遠將軍俞國望久之謂其部下曰山民爲敵嚮導不可不除也乃回四明擊散團練者兼旬中隨道收合得萬餘人六年三月再破城盡焚縣廨冬十一月至南鄉下管村燒燬民房越明年九月　王師會討令曰不洗山寨無以塞內顧乃大舉平南將軍金礪與提督田雄會於大嵐仍用土團爲嚮導翊累戰不能抗遂率兵逃入海八年秋　大兵三道下舟山翊復由

奉化出天台集散亡爲援途中被執不屈死十三年春

餘黨投誠復叛焚刼鄉村居民皆逃避大將軍宜檄盃

紹二府合兵勦平之據南疆繹史康熙志○案王翊舊作王岳壽今就舊志城池所載證之南疆繹史事跡均合惟以破縣城殺劉令爲四年事與繹史異考志內劉方至傳本作戊子是志誤以戊子爲四年因以次年再破城爲五年紀年略有舛錯其事實係完勳非岳壽也刋誤謂王岳壽別有其人志內張鳳岐傳載康熙十七年山賊王岳壽圍邑城後殲於塔山事隔三十年不應前後長此一人據此則爲完勳尤確又康熙志目爲土寇嘉慶志仍之伏念　國朝定鼎之初明諸遺臣興兵抗拒例合直書至嘉慶時　純廟錫謚褒忠已載入乾隆四十一年　欽定勝朝殉節諸臣錄　宸章炳耀薄海咸知邑志書法亦當改易且查忠烈傳載王翊事而他處則仍稱土寇與賊何不爲之詳核耶茲但書其擾累虞邑不仍加翊以賊名庶彰我

朝寛仁之美

康熙十三年福州耿精忠反浙東溫台諸州賊兵充斥嵊諸暨等不逞之徒所在竊發漫山賊壘賊龔萬里屯據大嵐山遥應耿逆並遣兵四出刼掠時夸蘭大張所志往省運礮位至上虞遇賊方懋功奮勇進勦擒殺三百餘名十四年二月奉命大將軍康親王傑書奏下部議敘八月郡兵東討上虞餘姚至大嵐悉平之萬里伏誅據東華錄乾隆府志餘姚志

康熙十七年七月海賊突入掠北鄉居民倉皇無所措把總張殿或云名虎命避寇者入居故巡檢司土城在五都中堰率

兵丁捍禦手刃數賊力屈遇害賊亦旋去是年川賊王岳壽圍縣城工吏張鳳岐充團練使募丁壯數百人嬰城拒守相持五日援兵至賊上塔山遁走鳳岐導官兵合圍於山麓盡殲之據嘉慶志列傳

道光二十年六月英吉利寇邊陷定海上虞戒嚴兩江總督大學士伊里布奉　旨赴浙江勦寇時琦善督直隸英官義律詣津門乞撫琦善爲之奏聞八月　詔琦善赴廣東籌辦西務檄伊里布緩其師於是三軍之士皆解甲而甘寢夷酋伯麥據定海數月輒縱洋艘四出游

弋遂繞後海侵上虞界有五桅大船駛行近夏葢山觸石礁船破案夏葢山俗名覆船山海船須繞道行見山始避多遭覆沒邑團董楊光普同瀝海汛把總倪采統衆擒白夷一人稱國戚黑夷三人案英吉利人有白黑二種白種者高準碧眼短髮而拳曲皆其本國人黑種則徵自呂宋孟邁孟加臘諸部而奴使之以爲舵工水手夷婦一人彼國三公主脚船一隻上縣獻俘知縣龍澤澔械送寗波案此事去今才五十年邑人目覩者言之甚悉中西紀事作餘姚係傳聞之誤二十一年八月夷再犯定海先是琦善在粵議和撤戍兵大半義律乘其懈奪取沙角大角礮臺琦善無計議割香港予之義律遂還定海事在本年二月益猖獗詔以署兩江總督裕謙爲欽差大臣會同提督

余步雲迅速勦辦裕謙駐師鎮海命余步雲守招寶山虞邑東南一帶俱築土城官兵皆連營結寨與䆠郡爲聲援並於夏葢山等處修築礮臺防堵海口戌戌夷破定海總兵葛雲飛陣亡越數日招寶山失守余步雲不戰而遁裕謙死之鎮海䆠郡遂相繼陷官兵退保紹城巡撫劉韻珂聞變遣兵晝娥江而守　詔復勅奕經爲揚威將軍文蔚特依順爲參贊大臣馳驛赴浙奕經至紹駐東關檄徵江皖楚豫秦蜀軍暨土勇沙民合五萬餘人大半屯曹娥江西岸不敢渡時惟余步雲駐虞屢

挫之後軍氣益衰縣境逼於寇上下惶恐城市民遷避盡焉十一月乙丑夷將窺紹興遂駛駕火輪兵船闖餘姚姚城南有江橋海船不得進夷復回[寍]虞得免害據採訪事實參中西紀事

咸豐十年餘姚黃春生宣自文等因逋租倡亂連結各村號十八局員外郎謝敬募土兵破之自文竄虞稟生丁敬義率衆擒之十一年五月春生復聚衆竊發勾引嵊邑虎嘯黨屯梁衕掠虞邑廟嶺闖入丁宅街聲言復讐索敬義不得焚民房數十間飽掠而去自是數聞警邑

人洶懼知縣胡堯戴咨會姚令並乞師於謝敬於是刻期會擊并敬義團兵爲四路及期堯戴率兵先至匪驅衆悉出聲勢甚壯我兵單不敵合而敗急收軍退保城匪驟進黄竹嶺謝敬率所部黄頭軍疾趨出八字橋攻其後擊殺數十人生擒二十餘人匪猶拚死戰會姚令陶雲升及敬義兵至乃遁走鄉民縛春生獻於縣胡令斬之據採訪事實

咸豐十一年髮逆洪秀全黨率衆數十萬略金華而下紹屬大震初賊以邪教起粤西之金田事在道光三十年蔓延者

數省尋據金陵稱天王賊酋自王以下分股竄擾八年始及浙十年二月僞忠王李秀成陷省城巡撫羅遵殿署布政使王友端死之將軍瑞昌守子城相持五日會廣西提督張玉良援師至賊遁去至是由金華竄入紹九月癸丑賊陸順德後爲僞來王等攻郡城知府廖宗元先數日死主守無人駐紹團練兩大臣邵燦以丁艱去王履謙相繼走城遂陷官兵退守曹娥江餘姚謝敬常勝軍扼百官渡邑人陳振聲捐資募團勇協守瀝海所一帶江防賊不得渡知縣胡堯戴募兵守城十月乙亥僞

將進天義黃呈忠後爲僞戴王合諸暨匪何文慶由嵊竄虞丙子呈忠大隊至南鄉清水塘分路來撲一進沙膝攻百雲門一繞出朱村花園畈通明轉攻啟文門先是舉人劉輝訓導錢榮光奉巡撫王有齡札辦團練捐資兩姓募就近丁壯三百人購軍裝火藥儲糧餉設局東嶽廟逐日操演夜更換防守十月壬戌癸亥獲賊諜二人斬之於聯登橋賊偵知東鄉有備以馬隊三百餘名先闖入步兵繼之衆如蟻民團見勢不敵皆退走官兵亦不戰自潰午刻城陷知縣胡堯戴死之典史曹燮同時

時胡令厎屬候補縣死丞李光祖亦死於賊賊縱火縣廨民居光燄燭天一晝夜不絕次日呈忠竄餘姚留賊首羅黃司廖分據四門大掠城外三日乃招進獻勒索羊豕雞鵞等物鄉民劫於威無敢不供下令蓄髮須僞諭安民十一月立僞鄉官縣設僞監軍鄉設僞軍帥師帥並給印旅帥給旗強富民爲之參以土豪羅布村鎮公所設座列刑杖如衙署制索丁口冊編門牌計戶納番錢遣僞官脅取各鄉設立卡隘派賊目守之十二月大拘工匠與土木拆文廟改邑廟爲僞公館是月壬子省城再陷將軍瑞昌巡撫王有齡學政張錫庚

同日　同治元年正月十九都民團起義殺賊南鄉自虎嘯黨亂後各村素有團兵賊屢窺管溪民團殺之或十餘人或數十人不等三月癸未朔設局通澤大廟總理恩貢生王志熙監生黃燕貽統領王殿孝王景輝分帶王河圖王仙根陳漢章張錦堂部署既定正擬出擊會大嵐吳芳林亦舉義旗殺賊壬辰王志熙等遂會同芳林破梁衕後陳前方馮村等處賊卡斃賊無算丙申復出廟下大石埠破丁宅街張村關山諸賊壘殺賊三百餘人十五都王紹洙等亦出寨嶺破章鎮沿江等處賊

巢殺賊百餘人南鄉卡監攻勦殆盡翌日賊乃大舉至路口街殿孝誘賊中伏斃賊一千餘人生擒十八人獲賊首廖某戊戌民團復出廟灣丁宅街兩路有副貢生徐子晉增生徐辰榮率三百餘人協助奮擊斃賊五六百人羅賊大隊駐清水塘乘我兵四散作食猝然進攻前後不及救應王殿孝王仙根俱被害死賊者三十餘人受傷者七十餘人賊入管溪虜掠殺害無算庚子羅賊合餘嵊各賊號稱十萬夤夜出隊芳林至管溪中賊黨毒俄賊至芳林七戰皆勝毒發死之死賊者王紹成

等十餘人賊伏兵四起民兵被圍不得脫天忽大雷雨遂奮力奪路斃賊百餘人民兵傷者一百十三人始得退守要隘賊燒廟灣等處而回先是賊黨至北鄉索門牌費勢橫甚民不勝憤聚而殺之各村響應俄頃集數千人誓進城殺賊至半路橋賊隊大出槍礮震天衆潰散賊大肆焚殺死傷如積此北鄉一大刼也四月已未據盜賊酉黃呈忠率慈奉餘上嵊五縣之賊號五十萬分攻大嵐羅賊入管溪民團壘石以拒死賊者麇邦俊等九人賊燒嶺下黑龍潭間道入隱地燒刈一空庚申

復由隱地至大嵐周迴三十六村盡成焦土甲子官兵協英法二國兵克復寍波呈忠入上虞首尾兼顧賊勢大挫寍城之捷雖仗官兵南鄉爲之後綴亦與有力焉七月戊子復餘姚潰賊竄東鄉自通明以下十餘里連營屯劄時王志熙已死民團幾不振廩生丁敬義往寍奉憲勸諭辦團并給軍裝火藥令俟官兵到虞爲策應於是黄燕貽偕增生王莘等復圖義舉賊知各都民團又起意欲先發制人乙未羅賊夜入丁宅街大肆圍殺戊戌進莊頭下許鳳桐樹等處民團堵禦接仗殺賊三

十餘人庚子賊又進下莊嶼莊頭下許至張家嶺民團拒殺甕賊五十餘人民兵陣亡十餘人賊燒張家嶺房屋遁去八月辛亥朔潰賊萬餘至梁衕後陳等處民團緊守要隘與賊對仗互有殺傷乙卯賊由梁衕至大嶺等處徐子晉徐辰榮會同王莘黃燕貽等督民團迎擊殺賊二百餘人乙丑呈忠及餘姚潰賊上虞黃賊四路分竄民團亦分路截殺死賊者陳漢章等九人賊入管溪燒民房百餘間殺害丁壯老幼無數賴徐辰榮等督率民團協力鏖戰徐子晉鳴鑼率各村士民掃數齊出

賊始遠遁丙寅復竄餘姚四門鎮當是時賊分路攻盜一由南鄉出大嵐一由東鄉出餘姚南鄉有民團苦抵不能深入閏八月己亥王紹洙與賊對仗力竭死之東鄉一路竟爲賊衝新調者方去潰散者復來所過俘掠居民多入山餓死罹禍與南鄉略等丁未賊陸順德由奉化潰回突入平岡下許等處連營三十里戊申由下許等處竄入白龍潭王潮等知勢不敵急往嵊地盧田等處集勇五百餘人合就地民團奮擊賊始潰遁白龍潭地面被燒無餘九月庚戌朔賊移營管溪廟下等處

壬子拔營去西鄉自虞城陷後頗稱完善賊蓋留此爲逃竄地梁湖商賈所聚百貨充牣尤饒富是月丁巳潰賊何文慶由五夫奄至大肆剽掠居民奔避不遑號泣聲不絕於路庚午紹城賊會攻餘姚復由梁湖取道虜掠一空戊寅前盜紹台道張景渠與護理提督陳世章法國副將勒伯勒東率中外軍取上虞已卯自辰至巳連擊東鄉賊營彈落如雨賊潰走南鄉遇民團據險截殺遂竄入嵊姚地大股賊竄北鄉分渡百官後郭兩處我兵進薄城以炸彈大礮轟之賊猶力拒稅務司日意

格督隊直前各軍奮登斃賊甚夥遂復縣城賊走西鄉渡江十月庚辰朔賊何文慶復率數千人竄瀝海所百官梁湖駐一夜而去紹城賊亦由蒿壩渡江焚掠花浦横山等處西鄉及西以北西以南各村大罹其害賊之渡蒿壩也搭浮橋於江連結曹娥賊夾攻上虞勢危急邑紳王耀敍偕諸生宋棠職員鄭廷振夤夜招集農民爲備禦計黎明飛騎稟道憲時賊已至倒轉水離梁湖止四里洋兵聞警迅赴遇賊於袋頭山下鎗發斃騎馬賊一名衆驚散我兵鼓噪從之賊大潰遂遁回花浦爭渡溺死

者無算是日縣境肅清越數日文慶復據曹娥連營數里備舟欲東渡張景渠同游擊布興有率廣濟勇扼百官紳士糜憩棠谷南林邀團董金鑑金鼎等捐貲供應併募民兵爲協守梁湖有耀紱等辦江防復得守備張其光法國帶兵官阿宜率廣勇花綠頭拒守不得渡會新嵊克復賊以我兵聲勢連結懼而遁張景渠規取紹城督中外軍濟曹娥江仍於沿江一帶派員戍守杜賊回竄二年正月巡撫左宗棠定金華復諸暨癸酉張景渠克紹城遂收蕭山賊西竄浙東悉平各防兵始撤去

上虞縣志校續　卷三十八　三

據採訪事實
參平浙紀略

上虞縣志校續卷三十八　武備志

上虞縣志校續卷三十九

經籍志

漢

論衡三十卷　崇文總目王充撰錢侗曰隋志二十九卷文獻通考引高似孫說曰書八十五篇二十餘萬言　四庫全書總目提要曰原本八十五篇其自紀云書雜文重所論百種古太公望近董仲舒傳作書篇百有餘吾書亦纔出百而云太多然則原書實百餘篇此本目錄八十五篇已非其舊矣充書大旨詳於自紀一篇蓋內傷時命之坎坷外疾世俗之虛僞故發憤著書其言多激其他論辨如日月不圓諸說雖爲葛洪所駁載在晉志然大抵訂譌砭俗中理者多亦殊有裨於風敎儲泳祛疑說謝應芳辨惑編不是過也○朱彝尊經義考載有刺孟一卷王充撰案是書卽在論衡三十卷之內竹垞因專輯經義故另標名目茲不復贅

養性書十六篇 兩浙名賢錄王充撰按論衡自紀篇云作養性之書凡十六篇虞淳熙論衡序亦云造養性書十六篇名賢錄所据者此也提要論衡條下云充所作別有議俗書政務書晚又作養性書今皆不傳蓋其佚已久矣○沈垚補稿載充又有六儒論此當如王命論之屬非書名也今刪

周易參同契三卷 通志藝文略魏伯陽撰崇文總目作一卷郡齋讀書志曰伯陽約周易作此書以授同郡淳于叔通因行於世隋唐書皆不載按唐陸德明解易字云虞翻注參同契言字从日下月今此書有日月爲易之文其爲古書明矣據漢魏叢書本誤引晁氏說王書錄解題曰其書因易以言養生後世修鍊者祖之王氏備稿引讀書後志曰其說以爻象論作丹之事首言乾坤坎離四卦於槖籥之外次言屯蒙六十卦以見一日用功之進退次言十二辟卦以分納甲六卦而兩之內詳月節外統歲功故葛稚川云其說似周易其實假爻象以論作丹之法朱竹垞則因朱子謂其無害於易列之經部惟四庫書目仍列道家

周易門戶參同契一卷宋史藝文志稱魏伯陽○案藝文志又有參同大易志三卷還丹訣一卷

參同契五相類一卷焦竑國史經籍志魏伯陽撰

太上金碧經一卷陳振孫書錄解題魏伯陽注

百章集一卷書錄解題稱魏伯陽注云此條原本脫去今据文獻通考補入

大丹記一卷通志藝文略魏伯陽撰崇文總目焦氏經籍志同

大丹九轉歌訣一卷通志藝文略魏伯陽撰崇文總目注陳詩庭云宋志無訣字不著撰人焦氏經籍志亦稱魏伯陽

七返靈砂歌一卷通志藝文略魏伯陽撰崇文總目焦氏經籍志並云魏伯陽撰黃君注

火鑑周天圖一卷　通志藝文略魏伯陽撰焦氏經籍志同嘉慶志王氏備稿並云火爐周天圖歌不知所据何本疑有舛誤

龍虎丹訣一卷　通志藝文略魏伯陽撰崇文總目同焦氏經籍志作龍虎丹砂訣一卷又有魏眞人還丹訣一卷

感應訣一卷　通志藝文略魏伯陽撰

蓬萊山東西竈還丹歌一卷　通志藝文略魏伯陽撰崇文總目作蓬萊山東西竈還丹經一卷焦氏經籍志又脫一山字作蓬萊東西竈還丹歌一卷

參同契注□卷　王氏備稿湄于樹注字叔顯桓帝時官徐州縣令後隱烏目山神仙傳云會稽上虞八

大道形神論一卷通志藝文略上虞隱士元黃子述焦氏經籍志同崇文總目云元黃子撰按元黃子未知何人嘉慶志誤讀通志以元爲時代而云黃子述撰非也沈奎刊補又云浙江通志經籍道藏類載於唐吳筠之下乾隆府志列於陸佃陰符經之上決爲宋時隱士自號元黃子者亦屬臆說今倣通志藝文略崇文總目焦氏經籍志例附於道家魏伯陽之後蓋以類相從也

魏子三卷隋書經籍志魏朗撰

三國吳

歷術一卷隋書經籍志吳太史令吳範撰

黃帝四神歷一卷隋書經籍志吳範撰

晉

晉太傅謝安集十卷　隋書經籍志梁十卷錄一卷舊唐書經籍志唐書藝文志均作五卷通志藝文略亦作十卷

謝元集十卷　唐書藝文志作十卷通志藝文略作太尉諮議參軍謝元集一卷焦竑國史經籍志亦作一卷備稿引剡錄作十五卷今從唐書

南北朝

晉書三十六卷　隋書經籍志宋臨川內史謝靈運撰舊唐書作三十五卷按宋書本傳文帝徵爲秘書監令撰晉書粗立條流書竟不就是靈運尙未成書今從隋書錄入

晉錄□卷　浙江通志謝靈運撰

內外書儀四卷　隋書經籍志謝靈運撰案是書列經籍志儀注篇以漢叔孫通朝儀後漢曹褒漢儀

例推之當書

晉官儀今佚

要字苑一卷 隋書經籍志宋豫章太守謝靈運撰

四部書目錄□卷 宋謝靈運撰按舊唐書經籍志永嘉之亂洛都覆沒靡有孑遺江表所存官書凡三千一十四卷至宋謝靈運造四部書目錄凡四千五百八十二卷是靈運又有四部書目錄但其佚已久耳

遊名山志一卷 隋書經籍志謝靈運撰剡錄作遊山志一卷

居名山志一卷 隋書經籍志謝靈運撰剡錄作山居志一卷

宋臨川內史謝靈運集十九卷 隋書經籍志梁二十卷錄一卷唐書藝文志作謝靈運集十五卷宋史藝文志作謝靈運集九卷通志藝文略及焦氏經籍志作二十卷

賦集九十二卷　隋書經籍志謝靈運撰亡通志藝文略高氏剡錄焦氏經籍志卷數並同

賦集鈔一卷　隋書經籍志謝靈運撰

詩集五十卷　隋書經籍志謝靈運撰梁五十一卷又有宋侍中張敷袁淑補謝靈運詩集一百卷亡剡錄作五卷

詩集鈔十卷　隋書經籍志謝靈運撰梁有雜詩鈔十卷錄一卷謝靈運撰亡通志藝文略載詩鈔十卷詩集鈔十卷皆謝靈運集

詩英九卷　隋書經籍志謝靈運集梁十卷亡按舊唐書及唐書作十卷通志藝文略焦氏經籍志亦作九卷

設論連珠十卷　隋書經籍志謝靈運撰亡按舊唐書及唐書均作設論集五卷連珠集五集高氏剡

錄祇載連珠集五卷

七集一卷隋書經籍志謝靈運撰唐書藝文志及高氏刻錄作十卷

回文集一卷隋書經籍志謝靈運撰舊唐書作回文詩集一卷案靈運是書其載舊唐書者提行書大字其載隋書者附注吳聲歌辭曲一卷下考歌辭曲不著撰人名而注中多羅列晉人樂府歌辭意靈運回文詩亦如樂府之類歟

策集六卷舊唐書經籍志謝靈運撰又有晉元王宴會游集四卷伏滔袁豹謝靈運等撰

新撰錄樂府集十一卷舊唐書經籍志謝靈運撰

永嘉和尙證道歌一卷通志藝文略謝靈運注

宋司徒府參軍謝惠連集六卷隋書經籍志梁五卷錄一卷亡唐書藝文志及宋書

藝文志均作五卷晁公武郡齋讀書志亦作五卷曰元嘉七年爲彭城王法曹行參軍十歲能屬文爲雪賦以高麗見奇族兄靈運每見其新[illegible]詩或作文曰張華重生不能易也

謝惠連集一卷書錄解題司徒參軍謝惠連撰本集五卷今惟詩二十四首

謝幾卿文集□卷南史本傳案幾卿靈運孫

謝微文集二十卷沈奎刊補引東山志云微字元度好學善屬文官蘭陵太守文集二十卷行於世

三謝詩一卷文獻通考引陳振孫說曰集謝靈運惠連元暉詩不知何人集中興書目云唐庚子西

謝氏蘭玉集十卷文獻通考引陳振孫說曰吳興汪聞集謝安而下子孫十六人詩三百餘篇聞熙寧六年進士序稱新天子卽位之歲元祐元年也

宋

讀易詳說十卷四庫全書總目提要李光撰光爲劉安世門人學有師法紹興庚申以論和議忤秦檜謫嶺南自號讀易老人因攄其所得以作是書故於當世之治亂一身之進退觀象玩辭恆三致意如解坤之六四云大臣以道事君苟君有失德而不能諫朝有闕政而不能言則是冒寵竊位豈聖人垂訓之義哉故文言括囊爲賢人隱之時而大臣不可引此以自解又解否之初六云小人當退黜之時往往疾視其上君子則窮通皆樂未嘗一日忘其君解蠱之初六云天下蠱壞非得善繼之子堪任大事曷足以振起之宣王承厲王後修車馬備器械復會諸侯於東都卒成中興之功可謂有子矣故考可以无咎然則中興之業難以盡付之大臣蠱卦特稱父子者以此其因事抒忠依經立義大旨往往類此光嘗作胡銓易解序曰易之爲書凡以明人事學者泥於象數易幾爲無用之書邦衡說易眞可與論天人之際又曰自昔遷貶之士率多怨懟感

憤邦衡流落瘴鄉而玩意三畫可謂困而不失其所亨非聞道者能之乎其序雖爲銓作實則自明其著述之旨也書中於卦爻之亂皆卽君臣立言證以史事或不免間有牽合然聖人作易以垂訓將使天下萬世無不知所從違非徒使上智數人矜談妙悟如佛家之傳心印道家之授丹訣自好異者推闡性命鉤稽奇偶其言愈精愈妙而於聖人立教爲民之旨愈南轅而北轍轉不若光作是書切實近理爲有益於學者矣自明以來久無傳本朱彝尊經義考亦云未見茲從永樂大典薈萃成編原闕豫隨无妄睽蹇中孚六卦及晉卦六三以下其復與大畜二卦永樂大典本不闕而所載光解復卦闕大象及後四爻大畜則一字不存繫辭傳以下亦無解其爲原本如是或傳寫佚脫均不可知姑仍其舊其書宋史作易傳諸家書目或作讀易老人解說或作讀易詳說殊不畫一而十卷之數則竝同殆一書而異名也今從永樂大典題爲讀易詳說仍析爲十卷存其舊焉

春秋左氏說十卷李光撰朱彝尊經義考云佚沈奎刊補王氏備稿同引萬曆府志不載卷數今据經義考補

兵略十卷備稿引會稽續志李光撰是書乾隆省志一引會稽續志列之史部一又引續文獻通考列之子部宜刪其一

神仙傳十卷刊補引會稽續志李光撰乾隆府志及嘉慶志作神化傳誤

李莊簡集十八卷四庫全書簡明目錄宋李光撰原本久佚今從永樂大典錄出其詩多婉約流麗託興深微頗類詞人之作其區畫軍國排擊姦諛乃碩畫危言凜然生色過嶺以後多與胡銓手札往還温厚纏綿無牢騷不平之意尤難能也續文獻通考曰光集載於紹興正論者四十卷宋藝文志作前後集三十卷焦竑經籍志作二十六卷錯互不合錢溥祕閣書目葉盛菉竹堂書目俱載莊簡集八冊是明初尚存其

後散佚今據
四庫全書著錄

左氏說十卷宋史藝文志李孟傳撰

讀史十卷宋史藝文志李孟傳撰乾隆府志及嘉慶志王氏備稿均作讀史雜志十卷

記善錄十卷記異錄十卷雜志十卷寶慶會稽續志李孟傳撰乾隆府志儒家類載記善錄十卷小說家類載記異錄十卷又載雜志十卷記善記異錄各五卷是李氏所著書除雜志外記善記異合之得二十卷矣必有舛誤不敢羼入

磐溪詩二十卷文稿三十卷宏辭類稿十卷寶慶會稽續志李孟傳著

奏議一百卷備稿引萬歷志趙子潚撰字淸卿

忠公奏議二十七卷備稿引萬歷志宋劉漢弼撰有元黃溍明車純序

洪範奥旨口卷備稿引萬[歴]府志宋劉漢傳撰字習甫漢弼弟

通鑑會評口卷兩浙名賢錄宋劉漢傳撰

止善集口卷兩浙名賢錄劉漢傳撰

止善篇口卷[宏]治府志劉漢儀撰有元黃溍序漢儀附見漢傳傳內是書舊志多渾作止善集今從錢玫家山鄉眷錄更正

趙氏家集二卷刊補趙友直輯上卷自趙子潚以下凡四十八下卷爲友直已作未附雜文友直太宗十二世孫距子潚凡七世明趙同道家集小引曰予聞先大父師幹公訓隱西溪湖牛山之原授兒輩業不仕獲暇力焉遂出先生手書雜錄綜輯編次名曰家集云家集者何集吾趙氏家世也肇自龍學淸敏迄於先生作者數十篇凡數百然吾獨以先生名集者寫本所由出也趙炳宏師幹先生家集跋曰昔八謂淵明詩爲

淡雅之宗先生兹集斤斤摹古雖有體格丰致不無少讓一籌而跡其出處大節殆與淵明曠世相符矣

元

通鑑綱目考證五十九卷 刊補引[志]治府志徐昭文撰其自序略曰資治通鑑綱目朱子所修之書也朱子祖春秋而修是書所以示天下後世不易之大法昭文竊嘗讀綱目而考凡例以證綱目今諸刊本所書之綱目與所定凡例或多不合昭文僭不自揆輒本大賢之立言摭諸儒之同異反覆訂定補漏正誤注於各提要之下間亦竊附已意以推廣述作之本義名曰資治通鑑綱目考證以俟君子正焉

上虞五鄉水利本末二卷 陳恬著有劉仁本楊翮二序嘉靖間邑令張光祖重刊 國朝朱鼎祚續刻是書分上下二卷上卷乃陳恬所著爲總目十有七一夏蓋湖圖一上妃白馬湖圖一三湖源委圖一五鄉承蔭圖一三湖沿革一植利鄉都一溝門石閘一周圍塘岸一抵界堰壩一限水堰閘一禦海堤塘

一科糧等則一承蔭田糧一元佃湖田一五鄉歌謠一興復事蹟一古文碑記古故今本作古今誤沈奎刋補謂爲十五者非也下卷乃朱鼎祚所增刻歷敘三湖興廢事蹟暨堰壩成規足備攷鏡近時杭湖樓連氏有重刋本連蘅又附刋續水利一卷

上虞魏氏敦交集一冊 浙江通志魏仲遠輯集中皆名賢唱和詩其卷數無考沈奎刋補載

朱彝尊跋曰敦交集一冊上虞魏仲遠錄其友酬和之詩也作者二十四人詩七十六首其末宜有仲遠題識而今亡之非完璧矣冊爲我鄉李太僕君實紫桃軒藏本康熙丁丑予購得之稽諸竹齋丹崖全業多有與仲遠贈答詩仲遠父處士明叔預卜塋兆於福祈山陽結廬其下曰福緣精舍丹崖爲之作贊又爲題尚古亭竹齋亦有筠深軒長歌季潭則有短歌予因補書其後

明

風雅翼十四卷 四庫全書總目提要劉履編是編首爲選詩補註八卷取文選各詩刪補訓釋大抵本之五臣舊註曾原演義而各斷以已意次爲選詩補遺二卷取古歌謠詞之散見於傳記諸子及樂府詩集者選錄四十二首以補文選之闕次爲選詩續編四卷取唐宋以來諸家詩詞之近古者一百五十九首以爲文選嗣音其去取大旨本於眞德秀文章正宗其詮釋體例則悉以朱子詩集傳爲準其大旨不失於正而亦不至全流於膠固又所箋釋評論亦頗詳贍尚非枵腹之空談較陳仁子書猶在其上固不妨存備參考焉又案葉盛水東日記稱祭酒安成李先生於劉履風雅翼嘗別加註釋視劉益精安成李先生者李時勉也其書今未之見然時勉以學問醇正入品端方爲天下所重詩歌非其所長考證亦非其所長計與履之原書亦不過伯仲之間矣○案浙江採集遺書總錄作選詩補注八卷補遺二卷續編四卷計適符 四庫書目十四卷之數嘉慶志作十二卷而沈奎刊補王氏備稿仍之均誤乾隆府志引百川書志亦作十四卷

草澤閒吟四卷　黄虞稷千頃堂書目劉履撰

述忠公年譜一卷　備稿引劉氏譜劉履撰

青城集□卷　萬歷志張岳撰有魏驥呂份二序

書集傳發揮十卷　明史藝文志朱右撰千頃堂書目作書傳發揮無卷數朱彝尊經義考云未見

載右自序文一篇其略曰集傳之作非後學所敢妄議者嘗參諸當代名儒質以所聞父師之教則不無相發明者於是謹述集傳發揮六卷綱領始末一卷指掌圖一卷通證二卷凡一十卷卷首有李祁序稱其綱領圖說音釋通證皆有補於是書有功於學者足與九峰蔡氏相頡頏

禹貢凡例一卷　浙江通志引黄氏書目朱右撰朱氏經義考載右自序曰愚讀禹貢而知聖人之書法謹而有辨也其載九州山川地理曲折及貢賦封域之事言簡義密詞嚴意周一字之間含蓄無盡如書山

川廣平曰原下濕曰隰山南曰陽水北曰汭地高曰巨
再成曰陶高平曰陸瀦水曰澤其土色無塊曰壤土黏
曰埴脈起曰墳青黑曰黎元而疏曰壚其草木少長曰
天上竦曰喬繇言其茂條言其長叢生而積曰苞其水
道因水入水曰達循行水涯曰沿舟行水上曰浮絕水
而渡曰逾曰亂大水合小水曰過小水合大水謂之入
二水勢均相入謂之會會而合之一謂之同其治功除
木曰刊祭山曰旅致功曰績可種曰藝可治曰乂順其
道曰從得其正曰殷經始治之曰載已盡治平謂之既
其賦法最薄曰貞雜出曰錯其貢賦常獻曰貢器盛曰
篚包裹曰包待命曰錫非一物曰錯凡例不過四十
而千萬世之豐功盛德盡在是矣因詮次以曉覽者

深衣考一卷 明史藝文志朱右撰千頃堂書目朱彝尊經義考並同備稿作深衣考于一卷謂深衣之制世代沿革襲以成俗右乃援禮經及先儒之說求合古制使宜於今作考于一卷今遵明史及諸家書目

春秋傳類編□卷 嘉慶志引赤城新志朱右撰卷數無考朱彝尊經義考云佚又載右自序其略

曰愚讀春秋三傳國語愛其文煥然有論理該而事核秦漢以下無加焉因采摭其尤粹者得若干卷題曰春秋傳類編語云文勝質則史是編也亦史氏之宗匠文章之筌蹄歟

元史補遺十二卷　明史藝文志朱右撰千頃堂書目同

歷代統紀要覽□卷　明史藝文志朱右撰千頃書目亦無卷數是書乾隆府志引浙江通志列編年類一又引宏治府志列史鈔類宜删其一

三史鉤元□卷　千頃堂書目朱右撰無卷數

邾子四卷　千頃堂書目朱右撰是書浙江通志及乾隆府志作邾子世家並無卷數今以黄氏書目爲正

性理本原三卷　明史藝文志朱右撰千頃堂書目揭河圖洛書於首本諸天以復乎人次錄太極圖說定性書理學論東西二銘攟諸人以復乎天附以通書一卷感興詩一卷於後若正蒙諸書或有未純故不

錄

李鄴侯傳二卷　明史藝文志朱右撰

白雲稿五卷　四庫全書總目提要朱右撰右自號鄒陽子所著白雲稿十卷今世所傳僅存五卷卷雜文之後僅有琴操而無詩檢勘諸本並同無可校補朱彝尊靜志居詩話謂後五卷嘗得閣本一過眼恨未抄成足本則彝尊家所藏亦非完帙也右爲文不矯語秦漢惟以唐宋爲宗嘗選韓柳歐陽曾王三蘇爲八先生文集八家之目實權輿於此其格律淵源悉出於是故所作類多修潔自好不爲支蔓之詞亦不爲艱深之語雖謹守規程罕能變化未免意言並盡而較諸野史蕪詞馳騁自喜終不知先民爲何物者有上下牀之別矣案是書明焦竑國史經籍志作九卷葉盛菉竹堂書目作白雲稿一冊不載卷數　國朝錢謙益絳雲樓書目陳景雲注及千頃堂書目並作十二卷浙江通志及乾隆府志引內閣書目亦作十二卷今以　四庫書目爲

正嘉慶志備稿並同

唐宋八先生文集十六卷 赤城新志朱右輯八先生者唐韓柳宋歐三蘇曾王也千頃堂書目作唐宋六家文衡疑即一書而異名者嘉慶志作唐宋六先生文集今據備稿

秦漢文衡□卷 浙江通志引弘治府志朱右輯卷數無考○案嘉慶志引浙江通志載有朱右今山文集王振綱駁之曰考府志列正德時且云王文成之弟子必另一朱右今從刪

魏氏世譜□卷 浙江通志魏鎮撰備稿載宋濂魏氏世譜序曰濂居浙河東嘗聞上虞魏氏爲簪纓大族其先蓋出於唐鄭國文貞公徵之裔公居鉅鹿生禮部侍郎叔璘侍郎生武進縣令政始自鉅鹿遷居會稽之山陰武進生邠州錄事參軍珍參軍生莫州司馬明復自山陰徙居餘姚之蘭風司馬生石首縣令實實生廬陵尉璘璘生憲憲生章章生克敬克敬生惟賢惟賢生績績生塤塤生恕恕生和和生傑傑生有聲有聲

生義義義生安珦凡歷世十二雖不與仕籍而能修明理
義蔚爲鄉之望宗安珦生宋從政郎艮瑞從政生紹興
府學錄亭之復自蘭風從居上虞之龍山學錄生迪功
郎監婺州東陽縣酒稅震龍監酒生文炳文炳生壽延
壽延生鎮此其傳系可見之大略也初侍郎實生二子
武進與生汝陽縣令殷武也汝陽爲北祖至四世孫司空
謩遂相宣宗武進爲南祖孫子甚多如上所書之外而
明之鄞台之臨海比比有之而在上虞者爲最盛一門
之內敦禮樂而說詩書由是四方才士大夫慕艷其聲
華無不自遠而至當其園亭勝集雅歌投壺酣暢淋漓
闇闇然和洽亹亹然旅語或不知夕陽之在樹也故鄉
之論閥閱者一則曰魏氏二則曰魏氏云然而歷代以
求名門右族若金張若許史者蓋亦多矣未數傳間或
至於殄絕宗允郎不絕亦降於皁隸有不勝感慨者矣
魏氏自文貞至鎮已二十有五傳其遺風餘烈猶能不
廢者其故何哉蓋文貞之事唐立心忠蓋奏疏剴切凜
乎有三代遺直之風德厚者其流長其效固應爾歟鎮
能孳孳不怠詳譜其所自出粲然有條而不紊豈不誠

賢者歟雖然氏族之學尙矣古者有世卿大宗之法得以伸其敬之義至於定世系序昭穆則又有小史以掌之故其盛衰有徵而親疏備見也古法既廢唯宰相家得著世系表於史册猶可髣髴見其遺意若鎮之爲其亦可謂有所本歟魏氏之子孫幸襲藏而續書之公侯子孫必復其始他日焉知無文貞之出者歟鎮請戶部郎中求序其首簡不揣蕪陋而備著之鎮字士圭有學有文者也

密庵集八卷　焦竑國史經籍志

四庫全書總目提要謝肅撰明史藝文志千頃堂書目俱載肅密庵集十卷而傳本久稀藏書家罕著於錄惟永樂大典中所收肅詩文頗多其時肅沒未久而姚廣孝等已錄其遺集與古人同列知當日郎重其文矣朱彝尊靜志居詩話稱肅初謁貢師泰於吳山仰高亭時貢方奉詔漕閩廣粟當泛舟大海因與同載至海昌留居州北執經問難凡一詩之出一文之就折衷論議必當於理乃已是肅之學問淵源實出師泰觀集中題天風海濤二事詩序云用先師尙書貢公玩齋所詠詩一句爲起以仰

止於公又師泰遺集亦肅所刊行均惓惓不忘其本故作古文詞格律具有法程其在濰州寄人一詩載所與同徵修禮書者有張紳楊融等十人之名爲明史禮志所未及又送行人蔡天英頒琉球國王印寶一詩考之明史外國傳但有賜中山山南山北三王鍍金銀印一事而不言曾遣行人凡此之類於考史尤有所裨益謹採掇編次釐爲八卷又戴良原序二首别見九靈集中今並取弁簡端以略還其舊焉○案備稿又有謝讜密菴稿後序

翼南詩稿口卷　乾隆府志引萬歷志劉鵬撰千頃堂書目作劉翼南詩稿不載卷數○案鵬又有風雅翼述一書萬歷志曰以從叔履選詩補注等編原名風雅翼故别有所見述爲此篇今附於此

欣木稿口卷瓊臺稿口卷　王氏備稿引宏治府志陳山著

訥齋遺稿二卷　乾隆府志引萬歷上虞志薛文舉撰千頃堂書目不載卷數今據備稿

春秋疑義口卷 萬歷志杜肅撰浙江通志及乾隆府志均無卷數今佚○案嘉慶志稱杜肅又有名家元音

西村省己錄二卷 四庫全書總目提要顧諒撰字希武西村其别號也洪武中以薦爲無錫教諭錄中皆論修省之道大旨醇正詞亦平近易曉然持論未免稍迂其書一刻於正統再刻於宏治萬歷九年十其十六世孫充復訪求舊本手寫而重刋之○案續通志續文獻通考及浙江採集遺書總錄卷數並同浙江省志及乾隆紹興府志作省己錄一卷

家範口卷 尤氏藝文志顧諒撰

辨惑續編七卷附錄二卷 顧亮撰 四庫全書總目提要亮字寅仲長洲人正德中況鍾爲蘇州府知府嘗聘致幕中是書以世俗養生送死大抵爲吉凶拘忌師巫之說所惑因輯古今書傳分爲七

門首曰原理言人之所以爲邪說者由於此理之不明次曰事生言事親之要曰應變曰奠祭曰擇墓曰送葬曰拘忌則皆論喪葬之事也又爲附錄二卷論生死輪迴壽夭貧富貴賤吉凶禍福諸事及師巫邪術之害專爲鄉俗之弊而作故註釋字義詞皆淺近取其易曉其稱辨惑續編者蓋元謝應芳先有辯惑編此申明其說也據是則撰辨惑續編之顧亮明是吳人矣黃虞稷千頃堂書目載有顧亮辨惑續編七卷又省已錄一卷謂亮字寅仲上虞人寓於吳楊維禎常爲作顧孝子傳據是則顧亮又爲虞人而寓於吳者矣嘉慶志亮字亦作諒備稿謂顧亮與顧諒有同名之誤

其書已從刪今據黃氏書目補入

悠然集四卷　萬歷志葛貞著林瀚序略曰是集凡四卷賢嗣侍御啟君按歷湖湘時嘗鋟梓以傳前甲寅歲厄於回祿蕩然無存孫樂易翁堉徧求書肆中復得一刻本曾孫銘分教順昌時欲重刊未果茲元孫浩以名御史出守邵武尊翁封君鏞懼久而湮沒無聞緘以授公俾壽諸梓子聞先生在洪武永樂中隱晦林壑

才甚邃學甚博出入煙霞水石間益肆力於聲律自成一家格調今讀斯稿或長篇或短章古今諸體悉清奇俊逸沖和簡亮不腐不塵不俗而高風汪度尤得想像於簡册之上所謂悠然見南山陶淵明志趣先生蓋異世而同符耳

經筵講義□卷 浙江通志引分省人物考葉砥撰乾隆府志同

南行稿□卷經進稿□卷 備稿引分省人物考葉砥撰○案乾隆府志有坦齋集退朝稿芝山稿鑾坡稿溪居稿引萬歷上虞志葉砥著其卷數均不可考今附錄於此

夢覺集□卷 歷朝上虞詩集徐濟撰○案濟又有松南集定雲集亦無卷數可考

守齋詩稿二十卷 乾隆府志引萬歷上虞志姚輯撰千頃堂書目不載卷數備稿云姚氏宗譜作二十卷今據以補

守黑稿□卷 干頃堂書目夏時撰

皁李湖湖經一本 沈奎刊補羅朋友睦輯莫雷尙震校正郭南有序羅自序略曰余懼湖之遺跡湮沒無聞遂蒐集湖之歷代沿革四至疆界受溉田畝之高下稅粮多寡之科則築塘建閘人民歌謠古今碑記及於爭訟分理之情詞贈遺成功之題跋洎諸游覽詩文靡不收錄繕寫成編鋟梓傳之

成玩稿□卷 干頃堂書目徐䵻撰○案刊補載䵻又有思學集

和陶詩□卷歸田稿□卷 范氏譜范文煥撰文煥字仲彰嘉慶志作范彰者誤也○案乾隆府志又有守拙稿備稿所引亦同今附錄於此

白庵稿□卷 萬歷志薛常生著

雪關稿□卷 刋補袁鎡撰字伯時號雪關永樂間以學行聞於朝授太湖縣典史

康山詩集□卷成化新昌志丁義撰備稿義字宜民舊志以字行今從新昌志改正

棲雲風木詩□卷丁潛撰備稿作棲雲風木詩卷

享金敝帚□卷浙江省志引萬歷志范升撰○案又有瓦釜餘音邯鄲學步金蘭編其卷數均無考

鳴蟹集□卷刊補徐心撰字彥誠號竹溪著有鳴蟹竹溪等集

野雲集□卷刊補徐謨撰字克謨號野雲

樂菴集□卷乾隆府志引宏治府志張居傑撰

登雲稿□卷萬歷志薛伯順撰

閑道錄□卷乾隆府志引萬歷上虞志俞繪撰

井天集□卷浙江省志引萬歷上虞志俞繪著

蘿崖集□卷　刊補張鉞撰陶諧序略曰近見上虞張奇士蘿崖詩集雖其少年所作居然有老成氣如詠貓而著及負義饋事者諸兄歸省會宴藹然孝弟忠愛萃於一篇客中移館之作斷然女惑之不能蠱至於尊宣尼闢左道根柢六經累見於言不徒務浩博為精巧而性情志節皆有可尚焉者

岫雲稿□卷　刊補張輝撰葛浩序略曰予先進岫雲張公邑之名士篤於親友於弟暇與諸從游者講明經史究極精微而干祿之念罔萌若其指廩粟以養母疾讓良騎以順弟心其志可知矣故其爲聲詩長篇短什意深詞雅蘊藉妥貼無一流連光景之句誠德人之言也

恩遇錄二卷　嘉慶志王進撰本無卷數刊補據張熙蓋臣王公墓誌銘作二卷

太呆詩集四卷文集十二卷　千頃堂書目王進撰本無卷數刊補據王進墓誌銘作詩集四卷文集十二卷太呆其別號也

東皋文集十三卷附錄一卷　四庫全書總目提要陸淵之撰是集爲其門人王汝鄰所刻前有劉瑞序曰讀先生之文者知其大可也乃若較聲律評矩矱區區於文字家者亦淺之乎知先生矣殆微詞歟備稿云萬歷志作八卷

貴陽紀行錄一卷　百川書志洪鍾撰

時軒自怡集二十卷　西湖志洪鐘撰

文獻集口卷　千頃堂書目薛貴撰王氏備稿引萬歷志同

備邊五論口卷　嘉慶志引分省人物考車純撰

百山存稿口卷解組稿口卷　千頃堂書目車純撰

禮經疏義口卷　浙江通志引萬歷上虞志顏燁撰乾隆府志並同

四書證疑□卷萬曆志顏𪹀撰朱彝尊經義考云未見

簡齋詩集□卷千頃堂書目顏𪹀撰

孝經正誤一卷附錄一卷四庫全書總目提要潘府撰府以孝經皆孔子語不應强分經傳因舊本而校正之或數章而合爲一章或一章而分作數章一節之內前後互移數節之中上下變置定爲一十三章其註則兼采諸儒之説附錄曾子孝實一卷卷首有府自序并載總説六條自謂幸復聖經之舊然亦孰見聖經之舊本而證其能復否乎續文獻通考及朱氏經義考又載朱鴻説曰上虞潘府疑孝經與中庸文體相類首章孔子極言孝道之大以告曾子其下十二章皆推明首章未盡之旨斷非孔子先自作經又自作傳以釋之也因作孝經正誤效中庸章第其序次亦多牽强○案是書黄氏千頃堂書目無卷數前志多引之今據四庫書目爲正續通志藝文略卷數同

四書傳注正□卷朱彞尊經義考潘府撰未見○案是書浙江省志及乾隆府志俱引萬歷上虞志作五經四書傳注正今從經義考改正備稿同

孔子通記八卷千頃堂書目潘府撰備稿有宏治十四年西蜀劉瑞序並府自序

校集顏子二卷千頃堂書目潘府輯上下八卷

南山素言一卷明史藝文志潘府撰書佚其遺說載黃梨洲明儒學案

潘氏道萃編□卷嘉靖金華志潘府著

奏議別稿□卷備稿引萬歷志潘府撰

韓忠義公詩集一卷韓銑撰僅存古今體詩三十六首裔孫文熙裒集成編邑人魏露菉序之今枕湖樓連氏藏有鈔本

蚓吟稿四卷　康熙志葛鍊撰字用成其孫易齋梓以傳刊補載謝讜徐儀二序儀序曰先生之詩其音和以諧彩鳳之鳴陽也其聲清以亮野鶴之唳空也其旨淒以切孤猿之號月也蚓之吟不過引竅作微吟爾其不類乎先生吟也彰彰矣然余知先生嗜清致以味清榜其軒操同乎蚓可也先生以蚓之操同乎己遂以蚓之吟比之初不論其音之細微耳

突兀子集口卷　千頃堂書目鍾禮撰浙江通志乾隆府志俱引萬歷上虞志並同

宋史斷口卷　浙江通志引宏治府志管祔之著又引萬歷志名祖生備稿云祔之以字行

兩溪詩集口卷　千頃堂書目葛浩撰是書嘉慶志作西溪詩集刊補更正又載江曉序曰兩溪公經德碩學自登科躋仕以至歸休凡厥攸屆率惟詩以識之或游覽或感述或贈酬或慶悼罔不本乎性情而發乎理義其體曲而正其思邃而沖其氣健而昌其詞婉而暢洋洋乎秩秩乎亶有風雅之遺音焉

大學信心錄一卷浙江省志引萬歷上虞志朱袞撰朱彝尊經義考云未見

觀微子筆要六卷乾隆府志引聚樂堂藝文志朱袞撰案謝讜三峰先生行狀作觀微內外篇

大小學範□卷浙江省志引萬歷志朱袞著

拂劍錄□卷浙江省志引萬歷志朱袞著乾隆府志同案謝讜三峰先生行狀謂自宜豐歷安成時作

水衡餘興一卷千頃堂書目朱袞撰浙江省志乾隆府志同案謝讜三峰先生行狀謂官水部時作

夢劍緒言□卷千頃堂書目朱袞撰案謝讜三峰先生行狀稱袞自少時即善古文詞比壯夢巨人授以三尺劍光鍔燭天自是藻思日益至官興化時作夢劍緒言

雪壺唱和□卷千頃堂書目朱袞撰案謝讜三峰先生行狀謂袞是書亦官興化時所作

宵幽花賦□卷朱袞撰是書舊志失載備稿始補入之考謝讜三峰先生行狀稱袞歸田時作

三峰文集□卷　千頃堂書目朱袞撰○案乾隆府志載白房集三卷續集三卷白房雜述三卷引浙江采集遺書錄云明雲南參政上虞朱袞撰初官翰林直言忤執政官滇南而終刊補駁之曰袞宏治十五年壬戌康海榜進士會選庶吉士當事者首取袞因少禮經乃以榜中同姓名者舉焉且云名姓相同難處一館遂授工部主事轉刑部員外改御史忤權璫謫江西新昌縣丞陞福清令旋知沂州陞吉安府同知召爲工部郎中轉刑部命慮囚四川未至陞興化府知府三疏引疾歸年八十有七具載謝讜海門集三峰先生行狀中是袞未嘗官翰林參政雲南行狀內亦不及白房等集讜係朱公門人其官階著述無不詳悉豈復有遺漏是書或卽榜中同姓名者所撰浙江採集遺書錄誤認虞人而入之耳又嘉慶志載西南紀事思南府志二書引內閣書目云朱袞撰刊補於思南府志條下又駁之曰是書與西南紀事康熙志皆不載謝讜作朱袞行狀亦未言及乾隆府志作萬歷重修思南府志考朱袞生於成化乙亥卒於嘉靖乙丑則萬歷時修思南府志必別

有入也奎二説極是備稿遵之今考千頃堂書目載有朱袞垣曲縣志云嘉靖間修亦不敢羼入

南軒稿□卷乾隆府志引萬歷上虞志柳南撰南字南仲千頃堂書目亦不載卷數

兵略三十卷浙江省志引明實錄宏治十二年上虞張津上

衛道錄□卷乾隆府志引萬歷志張文淵撰備稿謂與王文成傳習錄多所參駁然主翼朱亦自有見

東泉百詠□卷萬歷志張文淵撰備稿董理山東徂泉相度可否立碑九十三通撰泉源志略手卷一碑一東泉一覽圖一泉派目錄一巡泉次序圖一嘉靖三年進呈後主事王寵集文淵所作爲東泉志其所作詩都爲一集每一泉作七律一首曰東泉百詠

八音百詠□卷歷朝上虞詩集張文淵撰其進呈表略云偶誦先大學士李東陽限金石絲竹匏土革木詩效顰得百首或議臣假此而有所圖謀臣考察去官已無銓除復用之理七句有一又無希求進用之

心特詠此以表臣子不能忘君之至情時嘉靖八年六
月初一日也○案舊志文淵傳正德中陞南京禮部郎
中未幾丁内艱遂不起此云
考察去官可知舊傳未實

效顰集□卷 歷朝上虞詩集張文潛撰有文潛自序

貽穀堂集二十□卷 千頃堂書目徐子熙著刋補載焦竑貽穀堂序略曰貽穀堂者古虞徐氏
之堂也而其集則今工部君啟東裒其大父光祿少卿
丹峰先生暨父祠部郎中平山先生所遺諸著作而集
合爲一殺青從事傳之將無窮者也文業以父子而並
爲名嘻亦盛矣總之爲編者二光祿之爲詞賦者卷各
一詩詩餘爲卷六諸體文爲卷五祠部文多散佚不傳
而存有詩次第其詩爲卷如光祿文之數類而挈之爲
篇目凡二
十餘卷

貞晦集四卷 兩浙名賢錄徐文彪撰千頃堂書目同

務本錄□卷浙江通志引萬歷志倪鎧著

西原日記□卷浙江通志引萬歷志倪鎧著乾隆府志同

接病篇□卷浙江通志引萬歷志倪鎧著乾隆府志同

地理辨說□卷備稿徐數撰○案徐氏譜數別號拱北有拱北稿

南峰集□卷歷朝上虞詩集徐子然撰

卹災疏草□卷浙江省志引萬歷志葛木撰乾隆府志同

卹刑疏草□卷千頃堂書目葛木撰四冊刑部郎中卹刑江西時題奏

扈山集□卷扈山遺稿□卷千頃堂書目葛木撰

獨見編□卷浙江通志引萬歷志王仁撰乾隆府志同

勿齋文集□卷浙江通志引萬歷志王仁著乾隆府志同

疏注庭傳□卷浙江通志引萬歷志姚翔鳳著

餘生近記□卷浙江通志引萬歷志姚翔鳳著乾隆府志同

蘿東拙稿□卷浙江通志引萬歷志姚翔鳳著乾隆府志同

遊峩集一冊浙江採集遺書總錄謝瑜輯蓋瑜按蜀時同僚友唱和之作也按是書乾隆省志引萬歷志作游蛾集乾隆府志亦引上虞志作游蛾集列於別集類又引浙江採集遺書錄作遊峩集列於總集類似瑜集有游蛾游峩二種之別非也備稿案嘉靖九年庚寅邛道隆出巡按四川偕官吏遊峩嵋山有詩唱和及二十一年壬寅謝瑜巡按四川亦踵故事四川雅州知州殷綺因合二人及同遊諸詩編爲一集實非瑜輯

狷齋詩稿□卷千頃堂書目謝瑜撰浙江通志乾隆府志引萬歷志並同○備稿又載瑜有奏疏並

無卷數今
附錄於此

激齋吟稿口卷刊補謝愭撰案謝讜激齋先生傳愭字元敬自號激齋又有激齋吟稿跋曰余童時
激齋夫子嘗授以作詩之法謂淵明沖澹而學者或失
則俗少陵沉雅而學者或失則固太白豪放而學者或
失之不經師三公之善而懲其失無愧詩人矣余服膺
是訓竊窺吟囿時取激齋稿而誦之乃知夫子之教我
者夫子
自道也

石龍庵詩草四卷附刻二卷四庫全書總目提要徐學詩撰學詩不以詩名而所作近
音節頗清亮蓋嘗與李攀龍相贈答故流派與之相近
遺藁多闕字邑人黃之璧爲補入以圈別之後二卷則
附刻劾嚴嵩疏稿及傳略諸篇沈奎刊補載畢鏘序略
曰公詩平淡而閒雅温柔而忠厚寄興在林皋草木而
忠君愛國之意未嘗忘○案是書浙江通志及千頃堂
書目均作龍川詩集續文獻通考浙江採集遺書錄其

書目卷數均與

四庫書目同

學蚓吟二卷　萬曆志葛栴撰以祖錬有蚓吟稿故栴所著曰學蚓吟有門生嚴大紀序及從孫焜跋千頃堂書目及浙江通志載是書均無卷數今從備稿補入

寍子內篇二卷經餘言五卷史餘言三卷　謝謐撰備稿載謝讜寍山先生行狀曰兄諱謐字靖臣號寍山學者稱爲寍子弱冠即著內篇二卷續著經餘言五卷史餘言三卷大抵闡泄理髓靡狗俗觀又經史餘言序闡道牖蒙必資經籍稽變廣識莫廢史編自發明於諸儒論斷於羣哲而經史之旨亦孔昭矣詳略殊見愛憎任情經釋有未備而史多偏評於是寍子之經史餘言以成言曰餘言亦謂言者餘也匪勦說以眩衆匪附同以避攻匪逞奇議以媒譽經史有光矣所著寍子內篇大旨類餘言云

燕峰集□卷　歷朝上虞詩集徐子厚撰

九溪集□卷歷朝上虞詩集徐子卿撰

白雲集□卷歷朝上虞詩集徐子淪撰○案又有月齋遺稿

藏柏軒集□卷歷朝上虞詩集徐希歐撰○案又有徐氏一家言亦希歐編輯

海門集二十卷萬歷志謝讜著刋補載高應冕序曰海門故越人而詞多悲壯感慨絶類燕趙士無一篇一句雜越聲者海門豈誠忘越而流於燕趙者或抑鬱不平之思適與燕趙之聲相感觸耳說者謂上虞山奇水沃士多激烈有燕趙風余固不敢以燕趙士擬海門亦終不以海門集爲越聲也海門沈雅淵懿風采可親愛其小令歌曲尤擅詞林

草言□卷千頃堂書目謝讜撰

四喜傳奇□卷黄文暘曲海總目謝讜撰

皇明古虞詩集二卷　天一閣書目謝讜輯今案錢玫歷朝上虞詩集凡例云前明古虞詩集洪武至景泰吳祀蒐輯隆慶以前謝讜續之葛焜又續之萬歷以後　國朝陳金振陳洪揆遞有增補據是可知謝讜所集詩僅自明興至中葉而止其間猶有未備備焉備稿云舊志作古虞集府志列入別集皆非

葛氏家藏本詩抄十六卷　謝讜編選千頃堂書目謂葛貞葛浩葛啟葛銘葛鍊葛木葛昂葛梅所著詩也備稿謂前十卷爲當時名公投贈葛氏之作按體分卷有常山詹萊序後八卷則葛氏一家也同邑姚翔鳳序亦按體分卷此八卷多悠然蚓吟兩溪詩稿所選并有續附總詩四百六十餘首

娑羅館藏稿二卷　浙江通志黃之璧著鄧鍾岳序曰其古體多踔厲而風發其今體則精深而華妙周長發序曰其詩不規規摹倣六朝三唐宋元諸家而古體蒼勁高潔今體亦復疏宕風華遠近皆謂與楊鐵崖徐天池並齊召南序曰越當有明士之不得志而工文詞者首推山陰徐文長次曰上虞黃白仲文長名

海內無不知白仲則自越人外或有不能道姓氏者夫以白仲之才較文長雖未知其孰勝若論其窮文長窮於遇不窮於傳白仲不尤可悲耶白仲沒且百五十年其族孫克成始爲蒐輯遺詩得百餘首其子饒園將刻以問世請序於余余讀長卿所爲傳知白仲生平著作多矣今娑羅館集所存不過一鱗半甲而又未有能校其譌舛補其脫落者卽長卿盛贊白仲見贈之長歌七律今並不存然則文長生前之遇梅林待以國士未可爲榮身後之遇中郎舉其全集以傳於久遠者乃眞文人之奇遇也與饒園能讀父書必使白仲遺詩流布海內其志可尚也已集中佳句如泛湖云樹底魚翻蓴葉亂風前鳧壓浪花浮送梅大夫之建安云名多太守齊何屑地有仙宗漢子眞送使君入浙云風德舊稱周僕射監書新籍鄭司農酬李太保云懷人芸閣停雲後抱几松窗月上初

道濂文集□卷仕優籍□卷紀游集□卷　陳希周撰　刋補　据望濂公行略

謂希周又有感史吟集唐句然俱遭兵火矣

五橋集□卷 干頃堂書目徐惟賢著○案徐氏譜有太虛論一篇皆周張理道語醇實無偏駁處

南臺論分宜疏稿□卷 嘉慶志陳紹撰

永思堂稿□卷 備稿陳維撰維號持齋

蒲州集□卷 浙江采集遺書總錄明刑部郎中上虞陳縉撰同里謝瑜序稱其爲兵部時守榆關多所建立

金罍子四十四卷 明史藝文志陳絳撰浙江采集遺書總錄曰所論皆有關經史者本名山堂隨鈔陶石簣云予懼名之近於說不知者與街談巷語概視之故更之金罍山名也絳居其下案錢謙益絳雲樓書目載金罍子十冊無卷數浙江通志作金罍子上篇二十卷中篇十二卷下篇十二卷乾隆府志仍作四十

四卷祁彪佳澹生堂書目千頃堂書目亦作四十四卷

易說緒餘□卷　嘉慶志陳洙撰○案嘉慶志載湖海摘奇一書引諸暨縣志云上虞陳洙撰刋補駁之曰乾隆府志選舉志徵辟類正統年載陳洙左軍都督府都事諸暨人則撰是書者爲諸暨之陳洙可知新志誤認爲虞人而妄加上虞二字獨不念諸暨之志載虞人之書有是例乎今据以刪

後齋集□卷　歷朝上虞詩集徐球撰

顯忠錄□卷　康熙志鍾穀撰

事類通辨□卷　浙江通志引萬歷志葛臯著乾隆府志同

女貞編□卷　浙江通志引萬歷志葛焜著乾隆府志同

集覽編□卷北覽編□卷感世編□卷　浙江通志引萬歷志葛焜著乾隆府

志
同

會稽三賦補注□卷浙江通志上虞尹壇補注乾隆府志同

東瀛小試錄□卷朱朋求撰朋求以刑部副郎左遷曾府長史是書歷敘其公忠受抑之意

流憩集□卷刊補朱朋來撰字道中號約山諸生輸監授華亭縣丞轉遼東行太僕卿主簿著有青箱十三索流憩集梅雪問答又載謝讜序曰吾舉約山一二言之訪馬武舉云應聞出塞曲莫與雪兒歌其遠何如樓上女云期子終含芳可以慰衷曲其質何如訪遉仙云鹿呦神在畫雲卧翠分衣其清何如棄婦云如彼風前塵飄泊無停轄其淒何如東關篇云一射千山淨腥血萬里遼河清且冽其壯何如賞菊云佳處不嫌春事去清歌還許故人來其變何如餘可概見其意緒雋永而音律爽慨不落塵套信吾越正聲士也

羅草亭集二十卷刊補羅應文撰別號草亭初任黃州通判嗣陞鬱林州守金璐草亭先生墓表

云公才清逸雋永爲文出胏腑不事勦說詩本性情存有草亭集稿二十卷今藏於家

白水先生遺稿□卷　刋補羅康撰其第四孫欽輯有序

留餘堂□卷　歷朝上虞詩集徐子麟撰

一得子□卷　浙江通志引萬歷志陳王政撰

井魚集□卷　千頃堂書目陳王政著○案刋補云政尚有居滄集見羅康復筠窩陳春元書

龍坡文集□卷　浙江通志引萬歷志鄭舜臣撰乾隆府志同

吹壎集□卷　千頃堂書目徐希明撰乾隆府志引萬歷志同備稿希明字允升通志作允滄誤

諭俗膚言二卷　徐希明撰是書官興化同知作其言皆持身涉世要務樸實說理上卷二十一條下卷三十五條備載徐氏譜中

字義總略四卷

四庫全書總目提要顧充撰字回瀾是書辨諸字音義點畫分四十四門千頃堂書目作字類辨疑二卷又字義考略通志及乾隆府志所引俱同今據四庫書目爲正續文獻通考及浙江採集遺書錄亦作字義總略四卷

古雋考略六卷

四庫全書總目提要顧充撰充有字義總略已著錄是書摘錄古人以語爲類三十有四附以注釋亦間有考證未有重刻自跋稱始集古雋尚於定海學宮鏤板行之而嫌其未備更加增輯云云然究亦未能精核也案是書明史藝文志作十卷而千頃堂書目亦作十卷乾隆府志嘉慶志均引黃氏書目今据刊補載顧芳宗重刊古雋考略總目書凡六卷以禮樂射御書數六字編卷數第一卷禮集天文時令地理宮室第二卷樂集君道臣道用人官職女職人氏人物人名第三卷射集神祭身體冠服飲食器具第四卷御集文事武備旌旗人事第五卷書集財用珍寶草木鳥獸第六卷數集通用外國雜教刑獄死喪疾病雙

稱雙字計分類三十三門是其書塙係六卷作十卷者皆誤也續通志藝文略亦作古雋考略六卷

歷朝捷錄大成四卷　顧充撰千頃堂書目作歷朝捷錄四卷祁彪佳澹生堂書目作歷朝捷錄共十二卷按充是書倣紫陽綱目之例始於東周之威烈王而終於宋其中論三國則止於漢而不及吳魏論五代則比唐宋反加詳每篇皆採集古典句下自註凡涉疑難者或稍加釋義而褒貶亦悉放先正間有附己見處亦不甚異刊補載呂坤序曰上虞顧子歷朝捷錄大成始於姬周終於趙宋以興衰之判者分篇以關鍵之大者論世以嬓懸之較者概入以經史子集山川物志綴語以玉篇國韻考字釋音爲篇二十有一引用諸書凡二百八十五種校注名公凡五十餘人計文三萬餘言上下二千載蓋畧舉之矣　國朝康熙己丑其裔孫顧芳宗重刊道光丙申顧繡章又重刊皆有跋

正字千文叶韻口卷　顧充撰案顧繡章捷錄大成跋云沈君仙源向余乞囘瀾公捷錄及字義

總略古雋考正字千文叶韻四帙則充略又有正字千文叶韻矣但其書已佚耳

備稿陳明詩撰明詩字觀光號棫樞希周孫

一鸞集□卷 顧充序曰觀光垂髫即喜開卷丁年博極羣書與余舊戚之雅常向余索所藏蠹帙甚至肩荷負擔而歸磨年琢月滴露研珠彙成茲集事核而精言簡而要而上下古今天地萬物盡載於撮紙之中又朱祥麟天石序棫樞先生奕世名儒蓄書殊富且穎敏絕人凡一寓目終身不復再誦而足跡幾遍宇內所交率當世名公卿故得窺人所不經見窮人所不能知者而飫其腹笥今已耄年猶編不停披搜討考核惟日不足焉輯成此集藏爲家珍洵足寶哉先生古文詞駸駸凌漢魏而上之詩歌直逼盛唐百家九流靡不悉究所著有易解脫疑通鑑襟裾詩文稿若干卷此書特其一斑耳

經濟管見□卷保民更化錄□卷 康熙志倪涷撰

船政新書四卷 明史藝文志倪涷撰澹生堂書目千頃堂書目錢曾述古堂書目並同刊補載倪鴻

寶先考雨田府君行述曰詔徵爲南駕部郎佐船政會有風霾之變詔求直言府君總條馬快船得十議以其五議具疏因大司馬郭公上之一曰議官守二曰議差使三曰議支放四曰議木料五曰議出則已又因署篆少司馬顧公上言疏上時宰揆申公時行王公錫爵讀疏嘆曰嗟乎二百年未有言之者非駕部才疇辦此亟擬上得命責成府君諸區畫具載船政新書中

理學針度□卷康熙志倪涷撰

閒閒堂會心錄□卷碧山吟□卷嘉慶志倪涷撰

名山集稿□卷備稿陸宏詔撰字開之

梅花百詠□卷刊補陳文俊撰字得夫號雙溪隱居耕讀遺稿有梅花百詠忠孝清詞四部

觀瀾集□卷歷朝上虞詩集徐宏泰撰○案徐氏譜又有羲經注疏揲著草

青野堂詩□卷 刊補滕輝撰輝字汝晦號蘿月謝讜跋略曰此卷滕子蘿月所作所書以貽余者筆與句可稱二妙余閱而愛焉滕子詩學鄭谷而無僧之癖文學楊炯而無點鬼之疵固今之佳士也

檀燕山人集□卷 千頃堂書目徐如翰撰案會稽志如翰傳云所著有檀燕山集無人字康熙志又有忠孝未揭疏當即其集中奏牘今附於此

秦遊草□卷續秦遊草□卷秦臺紀勝集□卷 徐氏譜徐如翰撰案此集見劉宗周撰傳且云不及朝事蓋告歸後作也

葩經講義□卷 備稿徐龍德撰

理學奥旨□卷 備稿徐龍德撰

完玉集□卷 備稿徐龍德撰

薊遼集□卷　澹生堂書目上虞周夢尹著

樞漕奏議□卷　澹生堂書目上虞周夢尹著○案備稿引康熙志載周夢尹磯公履歷並無卷數今附於此

性理纂要□卷　康熙志丁進撰

講幄日編□卷　康熙志丁進撰○案丁進又有召對記注一書嘉慶志亦列之今附於此

蘧然子五卷　備稿鄭祖法撰祖法是書首卷舉伏羲堯舜禹皋陶引經書數語末作頌一首二卷分道原研幾體物危微生死神化自得七目各著論一篇三卷曰支言皆言理學四卷皆四書中之言性理而參究之凡五篇五卷發難明道亦朱子或問意也凡二十條皆參揚易數及至誠幾微至善之事惜未刊行於世○案備稿又載蘧然子詩文稿並無卷數今附錄於此

蕉鹿夢傳奇口卷　黄文暘曲海總目　鄭祖法撰

兒易內儀以六卷兒易外儀十五卷　四庫全書總目提要倪元璐撰是書內儀以專以大象釋經每卦列卦爻辭至大象而止以六十四卦大象俱有以字以之爲言用也故以名書外儀則有原始正言能事盡利曲成申命六目而又別爲小目以紀之皆取繫辭中字義名篇篇各有圖朱彝尊經義考曰倪氏元璐兒易內儀六卷外儀十五卷內儀之下無以字然此編爲當時刊本實有以字則經義考誤脫也其名兒易者蔣雯階序謂公作兒易兒者姓也攷說文倪兒本二字惟漢書兒寬傳兒與倪同則是古字本可通用然考元璐自序實作孩始之義其文甚明則雯階不免於附會萬歷中紫溪蘇濬已先有兒易豈亦寓於姓乎元璐是書作於明運阽危之日故其說大抵憂時感世借易以抒其意不必盡經義之所有然易興於中古而作易者有憂患其書不盡言其言不盡意而引伸觸類其理要無不包春秋繁露其言不盡比附春

秋而儒者至今尊用之謂其大義與春秋相發明也元璐是書可作是觀蓋與黄道周三易洞璣其書同爲依經立訓者也其人足並傳其言亦足並傳必以章句訓詁核其離合則細矣案是書明史藝文志作兒易内儀六卷外儀十五卷亦無以字浙江通志及浙江采集遺書錄仍之千頃堂書目作兒易外儀十五卷又内儀十卷澹生堂書目作兒易二十一卷今遵四庫書目爲正續通志藝文略續文獻通考並同

春秋鞠說□卷朱彝尊經義考倪元璐撰不載卷數其書云未見乾隆紹興府志引經義考並同

說大戴禮一卷倪元璐撰先引本經後加鞠曰云云凡二十三條其立言多發抒己見非規規於說經者比是書祗家藏鈔本尚未刊行又有璣屑一卷係札記雜說亦無刻本

百官鐸一卷千頃堂書目倪元璐撰乾隆府志作百官鐸譜無卷數案說郛有彩選百官鐸一卷無名氏著即此書

國賦紀略一卷 續文獻通考倪元璐撰備稿引學海類編無卷數

代言錄五卷 千頃堂書目倪元璐撰王鐸序門人楊廷麟王邵梓文震孟選刋補載王邵述引曰吾師每爲小子輩言代言之體華勿入豔質無入俚駢必六朝散宜兩漢卽其所自爲者可知已小子輩凡求之兩年今夏始發示如干篇又命小子輩選而汰之小子輩惡乎敢無已乃以師命請之湛持覺斯兩先生兩先生曰今天子學凌百代吐音灑翰悉成六經是爲天文斷非臣子所能摹竊萬一者也今之爲代言者雖甚工美不過成其爲人文者止耳吾以人文求之評識何不可小子輩唯唯於是授之梓按是書今刋本作代言選浙江采集遺書錄載有代言選二冊

奏牘三卷詩文集十七卷 明史藝文志倪元璐撰尤氏藝文志載有奏牘三卷講編附千頃堂書目亦載倪元璐奏牘三卷浙江采集遺書錄作奏牘二冊

倪文貞集十七卷續編三卷續文獻通考倪元璐撰四庫書目同備稿作二十卷引
錢玫說曰是集雖爲申佳胤楊廷麟吳甘來羅萬藻諸
門弟編輯然其子會鼎重加訂正非若陳卧子所輯之
應本經軍機處奏准
全燬此則新刻文集

倪文貞奏疏十二卷續文獻通考倪元璐撰四庫書目同按備稿經籍志奏議類有燬三朝
要典疏此書已刊入
倪文貞奏疏內今刪

倪文貞講編四卷續文獻通考倪元璐撰四庫書目同浙江採集遺書錄作講編一冊

倪文貞詩集二卷續文獻通考倪元璐撰乾隆府志引四庫書目作四卷浙江採集遺書錄作
遺稿二卷千頃堂書目載有倪元璐憶草二卷憶草郎
遺稿遺稿郎詩集也文貞公詩實係顧予咸唐九經二
人輯刊補作倪文正公遺詩二卷載顧予咸小言及唐
九經序其序曰先生之文顯而詩隱文空而詩實文多

揚誗人而詩多刺文千變不窮而詩惟一拗夫如是先生之爲詩亦苦矣殊不知有先生之文而不得不見於詩者勢也蓋先生之文如巨浸微淙隨物賦則似人爲政已不得而司之先生之詩則西如華嶽東如泰岱中雖百川千泉洞胸穿脇不能搖其毫毛者則全似已爲政人不得而司之是集也探賾索隱門人董子瑞生爲最勞經欲盡箋所考使人曉然易見董曰子仍懼夫先生之詩之拗耳再二三百年直與少陵太白等遂不敢箋釋而竟授梓以附於應本之後

鴻寶應本十七卷浙江採集遺書總錄明戸部尚書倪元璐撰鴻寶其別號也澹生堂書目千頃堂書目並同刊補載陳子龍葛寅亮二序陳序曰應本者始盃倪先生之所爲作也先生之著述多兹集其單篇雜辭因人事酬對而爲文者凡若干卷褒美所及不濫平流其論人也嚴而正揚厲之中仍存直筆其記事也簡而覈圓規方矩因物異形能使口無當擇之言篇無可通之製其辨體也整而明蓋先生推賢若不及奬

拔後進不遺餘力故詞章徧於宇內然其爲文也無溢美無虛譽所由與世之作者殊矣葛序曰倪太史鴻寶以應酬文如干殺青名曰應本其甥徐子允時走杭門序於余余遜謝不敏然讀其文天才高灝雲藻遐搴眞足爲不朽盛事徐子又言太史所著凡十三種更有待本爲用世世有待未梓蓋用則施諸人舍則垂諸文而爲後世法者且聞太史夙負異稟卽其酬對紛紜猶自嚼墨噴紙況其爲目之所營心之所鐫而有不咳唾皆珠璣者乎予蓋听然而神斂規規適適無以測其宏深也

秦漢文尤十二卷　四庫提要倪元璐編元璐有兒易內外儀已著錄元璐氣節文章震耀一世而是書龐雜特甚殊不類其所編其以屈原宋玉列之秦人旣乖斷限且名實舛迕疑亦坊刻託名也

倪文貞公尺牘二本　倪元璐著其書係文貞子會鼎手輯夏倫敘堂藏有鈔本

豫章按疏二本　澹生堂書目上虞倪元珙著

回奏復社疏一卷千頃堂書目倪元珙撰浙江省志及乾隆府志引並同

射書□卷倪元珙撰倪文貞公有序

春秋五傳□卷乾隆府志倪元瓚撰

羣史目□卷乾隆府志倪元瓚撰備稿上自史漢下迄劉宋

理學儒學□卷乾隆府志倪元瓚撰

子園集□卷備稿倪元瓚撰

杜集注□卷備稿倪元瓚輯

賢弈小草□卷歷朝上虞詩集徐承寵撰

恆遼局勢□卷銷燬書目全燬類徐爾一撰○案嘉慶志載徐爾一有闊部爰諮九八分疏東江略

節龍飛二疏其晷字誤書作界沈氏刊補已更正矣今附識於此

荒政輯要口卷備稿陳維新撰

文園集口卷康熙志陳維新著備稿引錢玫歷朝上虞詩集文園集凡七種館閣試課二卷曰藜編唾餘奏疏書牘二卷曰梧草焚餘孝廉以前所著曰存笥蠹餘通籍以後曰宦蔦波餘鄉會二三場曰雨闈試牘西湖越虞紀遊曰湖山遊屐歸田以後偶錄曰園居隨鈔陳仁錫序赤城風氣遒上不苟所與貞修勁骨文亦如之黄道周序赤城篤行誼善文章於今人中不失古賢王思任序湯銘先生珊瑚濯骨鮫淚凝冰墨流三代之蒼筆奪六朝之錦郎詠諧郵劇具有秀理

羅星亭題詠一卷備稿陳維新輯

性史類述口卷陳希周撰案陳氏譜是書由閩省諸士請發剞劂

浪遊草□卷　歷朝上虞詩集陳達生撰
○案達生又有餐霞齋集

三獨集□卷　刊補徐觀復撰三獨者學獨共十四首
宦獨共四十一首禪獨共九十八首

四書講意□卷　攀龍集□卷　銷燬書目全燬
類陳美發輯

徐節愍稿□卷　刊補徐復儀撰倪元璐序略曰漢官徐子
之文之可尙者以其氣靜而體安靜使氣
靈安使體變主其靜安而天下之鋒力才態皆可磁引
燧呼而出之也徐子讀書日夕與秦漢人卧起雜賓郎
是徐庚下令逐客元白歐曾亦在逐中矣○案刊補
徐節愍稿下載有范日謙哀生稿此稿係制藝今刪

玉九傳奇□卷　黃文暘曲海總目朱
期撰見揚州畫舫錄

瓶園傳奇□卷　黃文暘曲海總目趙心
武撰見揚州畫舫錄

隱文堂詩集□卷　歷朝上虞詩
集韓廣業撰

針灸大全□卷俞府志徐廷琀撰乾隆府志同

地理纂要□卷俞府志徐廷琀撰乾隆府志同

下里吟□卷備稿趙履光撰

梅岑詩文集□卷備稿倪在撰字大生號梅岑諸生文熺子○案倪氏譜又有世説駁議亦倪在撰

國朝

倪文貞公年譜四卷倪會鼎述是書向有單行本今刊入粵雅堂叢書卷首有公小像漳海黄道周贊末錄徐倬跋略曰無功先生著書尤富與鄭馬相埒即今所撰年譜當年時事無不貫串於年經月緯之中非僅一家書也今按年譜載公嫡母曹太夫人生母施太夫人而不載公之夫人書二十九歲子會鼎生

三十二歲會覃生四十九歲會稔生不言嫡出庶出意此譜亦有缺佚歟

倪文貞公逸譜一卷 倪會鼎述

治格會通二百七十卷 乾隆府志倪會鼎撰會鼎傳云晚歲鍵戶著述取通志通典通考三書件繫條貫又采大學衍義融以論斷勒成一編曰治格會通凡二百七十卷上自天官律歷禮樂農桑至於選舉徵辟賞罰號令賦役營屯封疆關隘魚鹽坑治之屬莫不敘其源流辨其得失六十而濡毫八十而輟筆

明儒源流錄二十卷 乾隆府志倪會鼎撰

古今疆域合志□志 乾隆府志倪會鼎撰

越水詹言□卷 倪會鼎撰

經史綱目二百卷 國朝上虞詩集倪會宣撰

杜詩獨斷□卷倪會宣撰

蘭亭備考□卷倪會宣撰

恆園文集□卷恆園詩集□卷備稿倪會宣撰

滿聽軒文集□卷滿聽軒詩集□卷備稿倪會稔撰

時務權書□卷國朝上虞詩集徐言近撰字君遠號緘庵

全史簡覽□卷刊補俞得鯉撰自敘云自五經而外以及子史百家循其大略頗見一斑然而望遠者見其影不見其形立乎今以指乎古混沌以後吾生以前莫夜安窮乙酉夏秋之交干戈逼越囊篋顛流痛哭之餘只合杜門遂慨然有上下千古之思焉因大嚼全史旁象諸編或略其行事而綴其語言或略其語言而錄其行事迹風厲者必詳懲權奸者必悉遇瑞罕書有災必錄不分綱目有編年鮮紀月間標論斷冠盤古

而統有明曾不足當賢人君子觀云爾

種月軒遺草十四卷 俞得鯉撰文集五卷詩集九卷曾孫景武梓海寧唐曾銘序稱其行文精悍峭刻深得柳州神髓其合巡水利碑記與宗祠告成孝思堂諸記尤規模宏闊措置精詳

易原□卷 四庫提要趙振芳著字香山山陰人是書列古本圖書古本易經爲首卷列諸圖與說爲次卷其古本周易集諸家舊本而考其異同於章句文字頗有釐訂備稿曰振芳一字胥山山陰乃其寄籍又載馬文燦序略曰趙子胥山爲吾友端明公合嗣端明以麟經起家而命胥山從予遊卓犖沉毅甫試輒冠軍以視青紫拾芥耳乃喟然曰雕蟲業何補於聖統何裨於當世乃發憤閉關思爲性道經濟之學於吾杭湖山之奧遯迹寒泉徐子道同志合遂相與擔書登新安黃海之巔謝去帖括殫心周易按籍幾二百種乃空諸一切從羲皇心印直溯淵源三年出山而易成矣猶秘不發也值乃翁端明令東川胥山隨侍斯時流氛孔熾以孤

城抗方張之焰胥山登陴冒矢爲君父即墨睢陽之守者兩年於茲旣而危不可支端明命胥山出求援而城陷乃翁闔門殉節矣胥山於是浮沉荆湘蘄黄間與斐臣孫子復理易業每每排難任勞於羽檄搶攘中時多以管葛自之不知胥山之得於易者深也與余睽隔者十有餘載茲訪之建南胥山出一編示余曰近與峒諏黄子謀易刻將告竣矣自出山來流離患難無不與俱并合徐子說以志同心其爲序之予閱竟快心且斂容曰能作如是觀乎合周邵程朱爲一人矣

崇川漫興集口卷

刊補王知介撰俞得鯉序略曰王子暨余爲汗漫交蹤跡皆落落不偶其或花間提句夜雨印心迄不知從何處來故多參文字禪多爲無字詩崇川之集復以漫興名王子眞不酷於詩哉

兀壺集口卷

備稿王知介撰俞得鯉序曰丙辰冬余自山左歸出一編相示有所謂兀壺者讀其詩純乎陶柳覽其序形骸放浪似滿腹有不合時宜者然而津津乎麯糵是好豈眞拍浮酒池中遂足了一生乎余

謂王子非酒人也蓋寓言也且王子量不滿合焉能酒彼謂懷才抱異酣羣書而隻千古文章經濟卓犖人表雖周旋齊晉之郊潦倒公卿之室究竟落落寞寞邈焉寡傳謂反不如高陽酒徒可當寒山一片耳○案焉文子詩又有猗蘭集嘯歌集蚓喉集見甬上金鏞知聲氏敘中今並佚

資治文字□卷 乾隆府志引俞志徐咸清撰刊補載毛西河資治文字序曰仲山洞精字學其於三蒼爾雅諸書自李程以下正變沿革源流瞭然且又博極墳典資所考核古文篆隸無不殫哲觀其發凡大約有正字正音正義三端依韻分部部下分畫畫下分母前正後俗始古終今其訂證之確引據之博自經史子集及九流百氏稗官小説搜輯貫串洋洋乎一巨觀也蓋將以佐一代同文之治豈僅爲載籍之先資哉又西河制科雜錄同志有學最相好者惟上虞徐仲山薦之益都師將邀至外舍時吳志伊與諸公先在舍仲山偶以辨字與志伊不合遂不果○案越風及

國朝上虞詩集載徐咸清又有傳是齋文集

羈游偶詠一卷客心草一卷　備稿葛翊辰撰　國朝上虞詩集作金陵游草

望舒樓集八卷　浙江通志錢霍著乾隆府志同刊補霍一字願學號荆山山陰籍是集姚儀長文選作詩十卷賦一卷卷首有沈荃及朱伯虎序沈序略曰錢子去病賦性忠質無文别善惡不啻黑白顧口絕雌黄故姜子武孫曰去病吾黨之阮嗣宗也其所著詩文如其人酒餘思涌口號筆寫粗服亂頭不假琱飾而天姿卓犖寄興遙深雖無片言及於世務而知之者會心自遠朱序略曰去病意豪氣雄初擬少陵然粗服亂頭衝口超逸則絕似李白○案　國朝詩話錢霍有望舒樓集長門怨一首予所最愛其詞云十度漢宫秋不曾聞促織一朝入長門蟲聲始喞喞盛年羞别離掩面空悲啼静夜疑妾心傾耳聽半音春殿昭陽歌舞空玉階白露起秋風還把鏡中顏自看阿嬌仍是少年紅全首怨而不怒起四句極善形容得意人忽然失意情景

爨餘一選口卷　國朝上虞詩集徐中樞撰字密侯自號都癡道人

毫素草□卷 徐承清撰字晏公號鐵冶諸生 國朝上虞詩集云定鼎之初山寇肆掠宗族流離之感發爲呻吟毫素草今向有鈔本補錄避亂蘿巖山諸詩以見草寇跳梁族人遭厄情形○案鐵冶一作鐵崖又有鐵崖集若干卷今佚

涉江草□卷 兩浙輶軒錄徐允定撰毛奇齡序略曰徐更齋游江表於荆關楚水之間登臨唱酬積其所爲詩名涉江草諸體俱近襄陽每覺滔滔淸絕○案輶軒錄載徐允定又有更齋詩文集

續金鑑錄□卷　恕齋詩草□卷 國朝上虞詩集徐允章撰字雲官號恕齋

學圃尤言□卷 國朝上虞詩集徐允達撰○案徐氏譜又有管溪郎景四十二詠

懲庵集□卷 刋補韓玉儉撰范蘭序略云蘭夙與趙生獻可交因得登其舅氏懲庵韓先生之堂先生博學力行來遊者皆一時文行之士旣而誦先生詩察其情激昂奮發不可一世而後知先生天下士也○案

海嶼詩話楓谷偶讀宋荔裳英雄既失志往往成酒人之句因作四歆以解嘲并各製小序以冠其篇范蘭云其氣調高絕惜不令荔裳見之
又云小序已是四篇公穀文字

刖餘草□卷　國朝上虞詩集陳皓瑜撰

卜園吟草四卷　陳詩撰詩皓瑜子范蘭有序刋補載趙大奎卜園吟草跋曰卜園字嘉在至孝性成好學工文尤喜爲詩時范石書趙獻可輩問詩於韓豐穀豐穀曰卜園詩得乃翁心傳不易及也存有卜園集四卷其曾孫以敬梓行○案卜園又有得顯樓集

鳴澗詩稿□卷　國朝上虞詩集張起龍撰字爾猷諸生有蔡升元序

易獨解□卷詩節解□卷史斷□卷　國朝上虞詩集宋志學撰字孔礽號和璧增廣生

六景集□卷　國朝上虞詩集俞木輯刊補六景者樂天齋若路橋愛蓮處三息阿釣魚磯舒憩石也其宗弟俞世才自劍南歸序而傳之一時名流和者四十八人

四書大全會通二十三卷　刊補田英輯字潛村孔尚先序略云章有章意節有節旨逐句逐字無不疏剔分明不可移易而大旨則一以遵朱爲主趙峒序略云田子攻苦於學數十年中頗有得乃悉取諸儒之書一一講貫以程朱爲標的歷宋元明以及本朝諸子之說廣諮博采總取其不背於聖人之道者積十餘年稿凡數易始得成書

太極圖說解一册　浙江採集遺書總錄上虞陳兆成撰以周子圖說與朱子注並列而以己意爲折衷焉并薈萃諸儒易訓及南華參同之說案兆成字愼亭四庫書目題爲常熟人備稿謂其誤乾隆府志於太極說解下作兆成亦誤

參同契註二卷　四庫全書總目提要陳兆成撰兆成字宜赤上虞人案浙江遺書目錄載有兩陳兆成其作太極圖說註解者稱爲常熟陳兆成康熙初人作此書者稱爲上虞陳兆成然太極圖說註解未有乾隆戊辰兆成字子魯附記凡例稱是書與參同契互有異同是刻可分爲二可合爲一云云則似乎二書又出一人疑不能明也其書盡廢諸家舊註獨以文義推尋分參同契爲三篇以補塞遺脫後篇亦分爲三章前篇相配又統分爲二十九章大旨謂首篇專明易理御政章乃言人君治世之事即易之神化流通處其後乃配以服食之法而總不外乎易之中又自作釋例一篇附於末反覆推闡其說頗詳備稿曰兆成字宜赤歲貢生官奉化訓導皇朝文獻通考題上虞人邑志選舉表雖佚其名當以通考爲正府志於是書下作兆成誤○案兆成又有四書辨解

春秋正業經傳刪本十二卷　四庫全書總目提要金甌撰甌字完城一字盔武秀水

人是書專爲舉業而設以胡傳爲主凡經文之不可命題者皆删去之又上格標單題合題等目每題綴一破題而詳論作文之法案金甌本姓徐又號枚臣係上虞人故其自序書古虞徐金甌參校姓氏亦多列虞人四庫書目題秀水人乃其寄籍也

歷朝綱鑑輯略五十六卷　朱璘輯自三皇迄明季三王卷分五十六旁採諸家史論間附己説桐城張英序云余友青巖朱君手定綱鑑輯略一書遺佚攟半稿間序於余余再四披覽其説之也詳其擇之也精其於前人論斷間有去取而以己意折衷之咸當於理

明紀綱鑑補十六卷　朱璘輯桐城張英序略云余友青巖朱君手定綱鑑輯略一書追蹤綱目芟繁就簡學者稱便又慮明季以來事多湮沒爰廣搜文獻記載詳核顏曰明紀全載附諸簡末

笑破集□卷　國朝上虞詩集葛國澄撰

評史要言□卷備稿曹章撰章自序云去史家之繁衍歸於簡約自遷史至宋元提綱挈領或一朝而備舉數事或數君不錄一節据此則章是書不錄明代事實可知矣

觀瀾集十八卷志載曹章撰曹謙吉有序○案嘉慶刋補曹章叉有藝林總覽策略輯要

曹江集十卷刋補曹恆吉撰字可久號曹江叉號石公其學以紫陽爲宗文則馳騁於韓歐諸大家而駸駸乎判川震川之間遠近名士爭與之交陳懋學裘璉有序

茗柯集□集國朝上虞詩集徐用吉撰

南樓臧否□卷國朝上虞詩集徐自任撰○案自任叉有蹁蹁齋文集

四書罪我集□卷國朝上虞詩集徐自信撰○案自信叉有信手拈來千一草

味腴齋集一卷浙江通志石文撰

玉峰遊草□卷國朝上虞詩集杜時芳撰

續貂草□卷國朝上虞詩集孫之蕙撰

開慶堂文集□卷國朝上虞詩集倪洞撰

梅花詩一卷刋補石世榮撰字有美號友嵋㢘膳生謝超倫序略曰石子友嵋雅善博洽貽我梅花詩三十章盥手讀之祗覺玉藻瓊敷言泉濬發乃知我友眞詞壇之領袖翰苑之翹楚也

梅園詩稿□卷國朝上虞詩集范蘭撰海嶼詩話胡他山跋范石書詩云石書究心樂府所擬五言古詩言言魏晉郎暗中摸索亦不失爲杜陵夔州以後作近體清雋直追大歷諸家集內有和陶燕公八十自壽次韻八首依原體編用王建律句人皆欲得長年少無奈排門白髮催云云陶激賞之

自鳴集□卷全浙詩話曹陛慶撰案胡如瀛海嶼詩話云海鑑詩字字錘鍊而出如登蘭苕云連綿裂

地軸盤屈迴天光沓湖齧危石鎗磕駭𥓰礩疑是夸娥負又恐巨靈傷曲磴懸飛泉灑落破陰荒之類頗規橅昌黎平居孝友往往形諸歌詩

蘭皋詩選四卷乾隆府志引浙江通志丁鶴撰刋補載田易撰序又李調元雨村詩話丁鶴詩有奇思如碧梧生是秋風客紅葉老爲春夢婆恰費苦心○案謝萊虞故錄載丁鶴有竹中巢詩草

鹿花溪文集口卷國朝上虞詩集徐來復撰

四書訓詁口卷國朝上虞詩集徐宏仁撰案備稿作四書證疑

古今詩稿口卷備稿錢陸剛撰字時昭康熙丁酉舉人榜姓陸寄籍錢塘

地理圖經合注一卷尅擇備要三卷浙江採集遺書總錄趙斌輯前二卷係郭璞葬經斌爲輯注三四卷曰平陽眞傳出其師釋友眞所授五卷曰陽宅纂要并另編尅擇備要三卷皆斌自

撰按是書乾隆府志及嘉慶縣志所引原書俱同而卷數名目與本注不符錢玫家山鄉眷錄爲更正之作八卷備稿作地理纂注而不載卷數亦非

言志集口卷　嘉慶志陳樸庵撰毛西河序

遠遊篇一卷　國朝上虞詩集謝超倫撰字文起廩膳生自序稱足跡幾徧天下妄思獻賦君門而子雲杙如之被薦者又若有待姑就平昔之所周覽并諮訪之所偶及者彙爲一編以備參攷而資博採刊補是編得之於先生從孫棻乃康熙甲申年親書於京都者自言別有定本惜不可得耳其他著述有輿圖考十卷長安漫吟二卷桐川雜詠二卷崇川吟蕘二卷

北渚吟草口卷　國朝上虞詩集謝曉撰諸生鯨之子字開汸又名賜字錦堂

顛倒鳳傳奇口卷　謝曉撰沈烺四一日記中有一則云開汸先生性疎古善畫梅作顛倒鳳傳奇

洪奎序略云其曲三十齣曰梅狀元者隱然以繪梅自命爲一人也曰司空月華曰白貞心者卽君復雪滿山中月明林下二句寄意也曰梅偉人以名士幻美人身者見處士當如處女也曰司空月華以美人幻名士影者見鬢眉不及巾幗也曰白貞心始壻月華終壻偉人者卽曲中依梅雪也香之意也噫梅月聯吟梅雪爭春憑空結撰可謂奇矣哉

海晏虞歌集四卷 刊補俞文旦徵輯曾會煜序略曰紹郡濱江鄰海而上虞海塘視他邑較險吾師恕庵俞公由中樞出守吾越塘工最大而治塘上虞視他邑爲較奇癸卯秋公旣解任虞人益感之深思之切爰裒集其士民歌誦之章而序之○案備稿海晏虞歌集下載有施繩武古虞錄別詩繩武非虞人今刪

旅遊集一卷 刊補陸曉撰字季明翁照序曰戊戌十月余訪故人季子崟四於海陵之陶上因識季明陸子一見傾倒遂成莫逆之交自後詩酒留連殆無虛日彼唱此和率以爲常一日出其游草屬余評隲見其

繪影描情悲歌旅寄蓋深得放翁之學者惜陸子疎於什襲散佚遂多姑就其所存者付梓筦中所窺雖非全豹已見一斑矣

粵遊詩草□卷 國朝上虞詩集徐元玹撰字蒼偕號愳葊廩膳生

越湄藏稿□卷 國朝上虞詩集袁應鯤撰字上之諸生刊補據袁載璽先大人行述著有四書講意通纂易經講意通纂周子太極圖說通書張子西銘正蒙訂補歷朝捷錄李笠翁詩韻訂四書事物類考纂類考中凡天文地理兵農禮樂下至昆蟲草木陰陽醫卜無不訂其疑似異同一生精力尤在於此惜已佚矣

宜中子集□卷 國朝上虞詩集車於道撰字宜中號如如道人

刪注唐詩□卷 王氏備稿引嵊縣志葉蓁撰

東游偶存草□卷 兩浙輶軒錄王躍然撰字五澐

竹堂詩稿□卷 兩浙輶軒錄趙本植撰字雪圃號竹堂諸生官慶陽府知府備稿植一作殖雪圃一作雲圃

雙石軒詩草□卷 國朝上虞詩集徐斯敏撰

四書講義□卷 國朝上虞詩集陳于前撰○案于前又有豈峩齋文集

闡發人譜十卷 徐氏譜徐宏道撰○案宏道又有姑溪詩集

虞山詩稿□卷 備稿唐九臯撰字聲鶴號虞山諸生

謹齋詩存□卷 越風徐有常撰字祖彝國學貢生

槑林集□卷 刊補王德璘撰字文白盧文弨抱經堂文集先大父書蒼公交友中最精風雅同輩所共推服者爲上虞王文白先生名德璘寓杭州先大父割宅以居之其錢塘懷古七言長律凡若干題氣象雄渾

音節亮拔不落宋元以後格調余外大父馮山公先生爲序之余篋中曾藏一本南北轉徙縑縢書楫多他人紛亂近檢之未得其後人不振復相繼以死遺稿不可復問余丱角時已不及見先生以鄰近故至所居見先生小影四周皆有題詠先生夫人亦尚在計此時訪求尚可得而童年見不及此至今恨之

澹多軒詩稿口卷　刊稿倪長駕撰號雲士

國朝詩話吾越忠貞之裔若姚江黃徵君太沖宿學重望身備文獻其最表表者不必以詩見也其餘著述不甚流布山陰祁氏世居梅市與予里距二十五里耳蠧時理孫斑孫諸哲且難搜訪其遺編今從故紙堆中見上虞倪文貞曾孫雲士長駕澹多軒詩一帙手姿頗雅五律如折楊柳云北塞流星驛西秦明月關長安秋夜月云愁從曉角起思逐故鄉來宋陵云馬骴半掩江南土鉦鼓難消塞北塵一自風沙迷故國幾多臺殿沒斜陽赤虹劍血長天落白馬銀濤蒼海奔七言絕句如金陵覓古胭脂井孫楚酒樓舊院等作皆可誦也

征途璧稿口卷乾隆府志錢登俊撰字舍南官通判

鷹峰集口卷刊補羅羽豐著据吳省欽墓表云主福山書院十餘年性剛直其讀書多有特見論大小雅皆以其辭爲區別小雅不可爲大雅大雅不可爲小雅猶之風不可爲雅雅不可爲頌論孔子誅少正卯事雖不見經傳爲後儒傳會而有筆伐口誅之義論呂后殺韓彭以其名歸之帝而與日可恣吾所爲論崔寔正論爲管商之流此論出而鉤黨禍烈漢隨以亡論蔡邕墓不當在虞邑論邑志梁處仁軼事爲不經予所見君鷹峰集論錄若此皆足發前人所未發也

易庸會通七卷乾隆府志范日俊撰圖說三卷易學變通易道脈綸易圖質疑河洛數說各一卷

養素堂詩集口卷備稿范日俊撰

鹿溪文集口卷遊泰詩草口卷兩浙輶軒錄徐雲瑞撰

蘆江集□卷兩浙輶軒錄徐雲瑞撰

樓山吟草□卷國朝上虞詩集車維周撰

九峰書屋詩草□卷國朝上虞詩集呂夢麟撰

遊塞途詠□卷國朝上虞詩集徐凱撰

以俟集二十卷陳邁黔撰是書未梓內惟詹詹言數卷向有單行本○案國朝上虞詩集載陳邁黔又有學庸講義

看山偶存鴻爪集□卷備稿徐觀海撰

鳥嚶集□卷國朝上虞詩集諸葛江撰

浣江質言一卷刋補鄭溥撰溥自序略曰歲庚寅家嚴抱關白沙余將置剡浦之館往奉晨昏羅子

墅邨叩余笥索數年所積余以不存草對墅邨弗之信固請啟笥得雜著暨詩二十餘楮命童子錄成卷帙名之曰浣江質言

道盌堂文集二卷　刋補顧宗孟撰字又淑號是愚初官虔州後自請効力清河州同在工二十餘年分委下河上河中河遙隄子隄各工悉有成效其攷清攷黃議尤屬通達河務之言卷首有陳埴序稱其伸紙觸緒無非性情流露云

書帶草堂詩商口卷　國朝上虞詩集鄭又鑰撰字谷漁汪輝祖序稱其詩多纏綿悱惻之音而意境蕭疏筆情雅澹雜諸岑參高適集中殆無軒輊焉

方海詩草口卷　國朝上虞詩集張鳳翔撰

鳴巖自吟口卷　國朝上虞詩集張鳳閣撰

漁邨詩稿口卷　國朝上虞詩集張鳳翥撰

退洲古今詩稿口卷　王氏備稿陳燧撰字退洲乾隆壬午舉人官湖州孝豐教諭

浮香書屋詩草口卷　國朝上虞詩集潘文炳撰

葩經疏解口卷　國朝上虞詩集徐芳撰

壁立草口卷　國朝上虞詩集徐芳撰

石經古屋詩文稿十六卷　沈奎刊補趙金簡撰兩浙輶軒錄赤繡才弁雅好清談胸襟瀟灑與之言娓娓忘倦尤喜獎借後進武林諸生皆樂執詩文以就正工書小楷法米襄陽大字法顏魯公蘇玉局而運以已意兼精賞鑒凡古書畫及宋槧宋搨書帖辨其紙墨古香郎定眞贗詩抒寫性靈得宋人逸趣吟詠甚富有石經古屋詩文稿十六卷多散佚

帚紅書廊吟草□卷　國朝上虞詩集胡文照撰字笠雲徐立綱序略曰胡子好讀書經籍掩貫腹筍便便作詩以青蓮自命因更其號曰白樓刻試萬言捷待倚馬而又抽祕騁妍自成機軸不屑拾人牙慧故詩獨優

五經旁訓□卷　國朝上虞詩集云著有五經旁訓辨體備稿徐立綱撰字絛甫號鐵崖又號百雲合訂又有鐵崖詩文集

轂吟集□卷天管集□卷　越風陳志學撰字金基一字夔白號少亭諸生

錦嵐堂詩草□卷　國朝上虞詩集胡鋏撰○案鋏又有西遊間筆

有獲堂集□卷　刋補胡鋭撰字笠峰史致光序略曰先生詩窮思力索百鍊千錘要於自然而止先生自序以細之一字盡之杜子美云老去漸於詩律細子美之言先生之詩也

靜涵詩草口卷　國朝上虞詩集徐有光撰
○案有光又有一家言續編

書箋訂訛口卷　備稿胡如瀛撰字東表

海嶼詩話口卷　胡如瀛撰見陶元藻全浙詩話引用書目

浪雪草堂遺稿口卷　國朝上虞詩集朱鵬圖撰

吧園紀遊草口卷　國朝上虞詩集施其恂撰

紅杏山房詩草口卷　國朝上虞詩集葉封唐撰寄居剡城楊世植曰芝谷學極博漢魏以下大家之集靡所不窺故各體擅長其門仞蓋得之沈梅史云

十三經札記二十二卷　朱亦棟撰案是書意在掃除漢宋門戶之習是以旁通多可細繹宗旨大要主張漢學其以切音解經都數十事如郝婁爲鄒奚斯爲儀之屬實可覽取以永終譽及敝席敝軒說

永終知敝以方明說書六宗以胥靡說無餘刑以綏多士女說詩釐爾士女以奔則爲妄及多婚說周官奔者不禁以萇宏明鬼神事射貍首說考工記祭侯之辭以籧篨戚施說禮記性之直者以欲色嫗然以愉說如欲色然以夏居橧巢說穀梁傳增之謂孟子堯之於舜也云云當遂舜尚見帝之上謂爾雅時善乘領時讀爲是皆精審不苟說日中星鳥曰古文多互見如春之星爲朱鳥則夏之爲蒼龍秋之爲元武冬之爲白虎可知也夏言星火秋言星虛冬言星昴則春之爲星張可知也說九合諸侯曰九者陽數之極離騷九歌自東皇太乙以至禮魂凡十篇而止云九歌其衣裳之會十有一亦不妨以九該之也說月令曰逸周書有月令篇呂氏春秋採之以冠十二紀之首其官名時事不合者後人增損之耳如荀子有勸學篇有三年問皆孔門弟子之遺書荀卿採入之而漢儒又採之以入禮記也論議明通與錢大昕汪中章學誠之言相出入亦棟爲大昕弟子固宜與專己守殘者異矣

羣書札記十六卷 朱亦棟撰案是書解釋書傳頗有譏義如解魯語鼉於何有爲何難有鼈解鄭語天啟之心謂與天誘其衷天奪之明同一句法解楚辭天問封豨是射爲后夔之子伯封以墨子所染篇晉文公染於高偃即晉語郭偃明鬼篇宣王合諸侯而田於圃田車數百乘讀圃田句絕即詩小雅東有甫草駕言行狩者也雜守篇三亭隅織女之當用孫毓織女三星跂然如隅之說皆確詁也讀史記伯夷列傳肝人之肉爲肉人之肝讀後漢書列女傳迎婆娑神爲婆娑迎神謂皆倒字法如公羊傳昧雉彼視之例顏氏家訓勉學篇曾子七十乃學本曾子立事篇七十而無德云云不必刻舟以求達於古人屬辭之法可謂通論亦湛園札記管城碩記之亞矣

丹崖詩集口卷 刊補陳墀撰字丹崖號芳洲諸生

苓嵒詩草口卷 刊補章國梁撰原名松字木公諸生何震序略曰章公苓嵒淡若人也故其爲詩溫

厚和平絕無噍殺之音空明澄澈溢於字裏行間嘗見其作事悉以平淡處之亦由其學問深而意氣平也文如其人斯言不益信歟

留刪草口卷　集　國朝上虞詩范光裕撰

素堂詩草口卷　國朝上虞詩集朱淦撰

毛詩古音口卷　王煦撰○案煦是書脫藁後尚未梓行原藁又燬於兵燹今不可得見矣其辨古音說有曰古韻並無四聲輕重疾徐隨文讀之而無不中節如關雎之卒章參差荇菜左右芼冒之窈窕淑女鐘鼓樂澇之簡兮之三章左手執籥效右手秉翟藋赫如渥赭公言錫爵噍淇奧之三章寬兮綽草兮倚重較兮善戲謔曉兮不爲虐鳥兮溱洧之首章洧之外洵訏且樂澇惟士與女伊其相謔孝贈之以芍藥效揚水之首章揚之水白石鑿鑿漕素衣朱襮暴從子于沃奥既見君子云胡不樂澇晨風之二章山有苞櫟澇隰有六駁

豹未見君子憂心靡樂澇月出之三章月出照兮姣人燎兮舒天紹兮勞心慘慥兮南有嘉魚之首章南有嘉魚蒸然罩罩照君子有酒嘉賓式燕以樂澇旱麓之五章瑟彼柞棫民所燎矣豈弟君子神所勞澇矣靈臺之二章麀鹿濯濯擢白鳥翯翯皓王在靈沼於牣魚躍耀板之四章天之方虐虐無然謔謔孝老夫灌灌小子蹻蹻嶠匪我年耄爾用憂謔曉多將熇熇耗不可救藥效抑之十章昊天孔昭照我生靡樂澇視爾夢夢我心慘慘慥誨爾諄諄聽我藐藐紗匪用爲教覆用爲虐虐借曰未知亦聿既耄桑柔之四章爲謀爲毖亂況斯削笑告爾憂恤誨爾序爵爵誰能執熱逝不以濯擢其何能淑載胥及溺虐崧高之四章既成藐藐紗王錫申伯四牡蹻蹻嶠鉤膺濯濯擢韓奕之五章蹶父孔武靡國不到爲韓姑相攸莫如韓樂澇泮水之二章思樂泮水薄菜其藻魯侯戾止其馬蹻蹻嶠其馬蹻蹻其音昭昭照載色載笑匪怒伊教凡若此者考之於漢魏諸儒之箋注驗之於齊魯燕趙近日之方音有必當作如是讀者執齊梁之四聲而疆古人之我從是猶執秦法以獻虞

廷之獄其不可通也明矣煦所言如此今錄之以存毛詩古音之說

小爾雅疏八卷　王煦撰煦力闢戴震小爾雅非古小學書之說所稱許慎引爾雅鴟薄也王肅引爾雅射張皮謂之侯云云即此書及釋鵠中正倍舉鋝皆鑈至於仞四尺藪二有半缶缶二鍾則爲游詞不如胡世琦引禮緯天子杠九仞諸侯七仞及御覽引小爾雅藪二謂之缶爲有據也煦嘗作毛詩古音攷及說文諧音達於聲音通轉之故故是疏於本義叚義多爲證明旁通異詁咸有條理如媚美也讀爲媄寒略也讀爲謇督拾也讀爲叔及邃深也通㒸隊燧巨大也通渠鉅距之屬雖未及朱氏通訓之明晰王氏廣雅疏證郝氏尒雅義疏之鴻博而標舉元要使學者隅反實良法也其是正文字如汝女古字通而乃爾若汝也改汝爲女輙挽古字通而挽引也依說文改輓禁錄也錄即拘錄之義而改禁爲蔡碁忌教也竟去忌字如斯之類頗爲專輙至於寡夫曰煢寡婦曰嫠據詩桃夭序疏引作無夫無婦並謂之寡丈夫曰索婦人曰嫠及周官注引無兄弟

曰嫈更爲寡夫曰索寡婦曰嫠無兄弟曰嫈倍兩謂之
匹据左氏傳注二丈爲一端二端爲一兩說文匹四丈
也刪倍字匊四謂之豆据周禮陶人疏引作匊二升及
鄭注豆實四升之文更爲兩匊謂之升升四謂之豆義
據通深焯不可易撣抽經訓比傳雅故旁文側義
無不平實確當方之邵晉涵爾疋正義如秦晉矣

說文五翼八卷　王煦撰證音詁義拾遺去復檢字都五篇

○案證音二卷据漢人長言短言急氣緩氣之讀以證古無四聲及聲近相通之故因以正大小徐刪改某聲之失如祟从出聲犢賣省聲當爲賣聲之屬是也元當兀聲茸當耳聲从雙聲字得聲許書元有此例至謂對當从丵省羔當从小意過其通知者一失詁義二卷亦多聲義關通之說如以名爲半眉半目以公爲从厷得聲頗爲傳會讀掉若爲掉磬易毛足爲三足癸从二爲从二左讓矣自序謂先以音義數卷付梓朱珪邵晉涵方聯聚諸開璪商載書札及王筠說文釋例引一弌皆有意音一事皆稱說文音義即前二篇也證詁音義十九精塙不媿覽許之目餘三篇非其倫也

拾遺一卷如睎稀从希劉劉从劉肖古文貴卤籀文卤確有疆證理合拾遺㑲偷吼叵之屬取之說解則不知說解本用隸書不足以證篆也然仕當作仾摽當作票閒亦依違其說不爲武斷去復一卷檢重出字斟酌去留頗爲不苟藍當作濫踞當作屉蘼當作藨是誤非纏洵確論矣檢字二卷取各部重文及正篆之可以互見他部者標舉之如水部標流酒金部標釜欽之類本無高義便初學檢閱而已

國語釋文補補音十二卷王煦撰

文選七箋二本王煦撰

空桐子詩稿十卷王煦撰

南庚小草口卷國朝上虞詩集趙驤撰

月令廣義摘要口卷國朝上虞詩集趙大奎撰。案大奎又有醫學便覽地理指歸南譙畋

事詩壇藝語等書

四書辨疑二十四卷徐氏譜徐曾得撰病大全諸書勦諸儒之説雜而不要故作此

温熱心書十卷徐氏譜徐曾得撰大要謂仲景傷寒論爲冬月正傷寒作不可治春夏秋三時之温熱病也因言諸家亦辨之而未詳故爲是書

亦愛軒詩草□卷國朝上虞詩集錢鳧飛撰

海粟樓詩稿□卷國朝上虞詩集王煐撰

巵山游草□卷國朝上虞詩集唐聖贇撰

四書釋地駁誤□卷國朝上虞詩集王登堦撰○案登堦又有四書摭餘説辨非詩詞二草

象洞山房詩稿一卷文稿一卷備稿徐迪惠撰

徐氏一家言□卷　備稿徐迪惠重輯皆採管溪徐氏一姓之作案明徐希歐嘗編輯徐氏一家言國朝徐有光又有續編至迪惠復重輯之

多識考六卷　何震撰自序云讀禮家居偶檢毛詩手輯名類間證他書凡重見疊出者不再錄○案國朝上虞詩集載震又有省親集鵬程集縈敷集蒼筤竹館詩存小安樂窩存稿金陵訪友游草

凝香書屋詩草四卷文稿二卷　趙琴撰○詩選入國朝上虞詩集琴又輯有儀禮經疏備要餘姚施薰均有序

課餘巵言六卷　國朝上虞詩集趙琴撰

西域水道記五卷　徐松撰○案是書都十一篇篇各有圖羅布淖爾所受水第一哈喇淖爾所受水第二巴爾庫勒淖爾所受水第三額彬格遜淖爾所受水第四喀喇塔拉額西柯淖爾所受水第五巴勒喀

什淖爾所受水第六賽喇木淖爾所受水第七特墨爾圖淖爾所受水第八阿拉克圖古勒淖爾所受水第九噶勒札爾巴什淖爾所受水第十宰桑淖爾所受水第十一龍萬育敘云星伯先生於南北兩路壯遊殆遍每所之適攜開方小册置指南鍼記其山川曲折下馬錄之至郵舍則進僕夫驛卒臺弁通事一一與之講求積之既久繪爲全圖乃徧稽舊史方略及案牘之關地理者筆之爲記記主於簡以擬水經又自爲釋以比道元之注即用酈氏注經之例記則曰導曰過曰合曰從曰注釋於經水曰出曰逕曰會曰自曰入於枝水曰發曰經曰匯今按其書誠師放酈氏至於模範山水間厠麗辭亦仍其例他可知矣其記山脈首尾城野道里以揭水道無不翔實大水所出所匯所歸若山若淖爾皆記經緯度其大城并記冬夏至春秋分日景旁徵故事於屯田水利師兵行止詞緐不殺要於致用不爲病也名臣章議石刻文字不必有關水地而各於斷棄乃放太史公錄秦記杜佑錄禮論之例而濟以蕭大圜淮海亂離志王劭齊志之體列之子注實爲讜例惟兼錄使臣

祭告之文遷客行吟之作爲少濫耳松嘗言志西域水道難於中夏者三一曰窮邊絕徼舟車不通二曰部落地殊譯語難曉三曰書缺有間文獻無徵今觀是書於國語蒙古語回語西番語準語之屬皆仿三史國語解之例觕理其義如扣肯布拉克山言不雅馴猶質言之可云詳盡至於漢書西域傳辨機西域記水經注唐書元史西遊記諸書諸所證明皆有確據其區蓋者亦十之二三精審不苟無遺議矣

漢書西域傳補注二卷　徐松著○案張琦敘謂作於新疆志略之後也孟堅傳西域不媿翔實之目蘇顏之徒尟能證明遂成榛蔓松居西域六年諳其山川道里風土而又長於考古鉤摘沈逸爲之補注如南北大山南北道河源蒲昌海之屬都數十事咸案今地質言在所實事求是足與梁氏古今人表攷陳氏地理志水道圖說稱三大奇書矣其是正文字比傳事類無不精讜如據匈奴傳太始時始置日逐王正匈奴西邊日逐王當爲右谷蠡或右大將據水經注河水逕墨山國南疋山國當爲墨山國據本傳言西夜與胡

異而子合出玉石又依耐無雷烏秅言子合莎車言西夜惟蒲犂言西夜子合而水經注所云無西夜推知孟堅未曾以西夜子合爲一國如後書所譏當是西夜國王號子下有吳口兵數及四至之文傳本奪爛誤連子合王云云其其犖犖大者也

新疆志略十卷 徐松撰

新疆賦一卷 徐松撰○案西域水道記第六篇云入惠遠城宣闓門西走北墉第三舍爲余老夫容庵戍館讀書擊劍對面狂吟因作新疆賦賦云鍾運會於庚辰今甲子之巳復注云今嘉慶二十四年是賦成於庚辰歲也賦二篇先假蔥嶺大夫陳北路之形勢而後假烏孫公陳南路之規模以折之蓋用東都西都之例而又倣謝靈運山居賦自注以言其事閎肅周至彭邦疇謂足與 高廟盛京賦泰庵和公西藏賦後先輝映不媿也其大意具於自敘敘曰走以嘉慶壬申之年西出嘉峪關由巴里坤達伊犁歷四千八百九十里

越乙亥于役回疆度木素爾嶺由阿克蘇葉爾羌達喀什噶爾歷三千二百里其明年還伊犂所經者英吉沙爾葉爾羌阿克蘇庫車哈喇沙爾吐魯番烏魯木齊歷七千一百六十八里既覽其山川城邑攷其建官設屯旁及和闐烏什塔爾巴哈台諸城之輿圖回部哈薩克布魯特種人之流派又徵之有司伏觀典籍仰見

高宗純皇帝自始禡師首稽古實迄乎偃伯畢系篇章勒方略以三編界幅員爲四路圖戰地以紀勳伐志同文以合音均在辰朔時憲之經釐職方河原之次備哉燦爛卓哉煌煌是用敷陳道揚盛美云爾

漢書地理志集釋□卷　徐松撰○案是書實以錢坫新斠注爲本而引一統志及顧炎武胡渭閻若璩何焯全祖望齊召南戴震洪亮吉劉台拱王念孫段玉裁沈垚諸人之說以辟之故會稽章氏刻本卽散傳斠注中不別錄也其中引段氏之說爲多段氏札記未曾行世賴此以存矣松所著書以是書爲最古略如錢氏易沂水爲潅水而段氏讀沂爲泥補潅水錢氏王氏易濡水爲㶕水而段氏讀濡爲沇錢氏易沮水

出東西入洛爲出西東入洛而段氏謂出東西入洛不誤皆平錄異義案而不斷又如句是其本疑當爲須句是其本國甲母河西麓河疑誤西者河俟攷亦多依違不能決錄也觀其所下已意如蘭陽非蘭陵陽山非陰山往往足正錢氏之失擇籀石刻詳人所略據唐公房碑府在西成證漢中治始在南鄭後移西城廣漢長王君治石路碑廣漢不稱令疑非郡治周憬碑陰載曲紅長含匯長湞陽長知諸縣皆非大縣拾遺補蓺可謂詳盡矣

唐兩京城坊攷五卷 徐松撰○案西京四卷東京一卷皆有圖凡兩京宮殿館閣街坊舊宅皆案史傳及雜書詩文集證明之魁博縝密可稱鴻寶自序云余嗜讀舊唐書及唐人小說每於言宮苑曲折里巷跂錯取長安志證之往往得其舛誤而東都盡闕如也後於永樂大典中得河南志圖證以玉海所引禁扁所載灼是次道舊帙其源亦出於韋述兩京記而加詳焉校書之暇采金石傳記合以程大昌李好問之長安

圖作唐兩京城坊攷以爲吟詠唐賢篇什之助

宋會要□百卷徐松撰○案嚴鐵橋漫藁與星伯同筆書嘉慶中足下在全唐文館從永樂大典寫出宋會要此天壤間絕無僅有者及今閒暇依玉海所載宋會要例理而董之存宋四百年典章肆力期年倘可竣事韓小亭無事爲福齋隨筆宋會要載永樂大典徐星伯曾鈔之約余同爲編纂星伯亡而此書椒

宋中興禮書二百三十一卷續禮書六十四卷又半卷徐松撰

明氏實錄補注一卷徐松撰○案沈垚跋曰明玉珍乘元季之亂盜據蜀土兩世凡十有一年楊學可撰明氏實錄紀載參寥徐星伯先生得彭文勤公校本取明太祖實錄及大事記明史本傳諸書補注於下事蹟始備改正錯簡考覈同異皆極精當學可文筆未合史法將賴先生之注以傳不可謂非幸矣

推春秋日食法一卷 國朝上虞詩集謝晉勳撰

伏園瑣言□卷 備稿朱文紹撰○案文紹又有國朝古文約選

三星圓傳奇八卷 王懋昭撰陳綺樹謝鶴齡同輯是書仿高東嘉琵琶記之體而以敬老憐貧矜孤恤寡爲主意在懲勸脫盡傳奇家窠臼三星者福祿壽也卷末附堯天擊壤歌

上虞金石志略一本 備稿錢玫輯邑令李宗傳序略云錢君漢郵以所輯金石志一卷示余就一邑之中自吳迄元千有餘載一碣一礎一器一銘圖之識之辨之覈之顯微闡幽正譌糾謬蓋其審也

家山鄉眷錄□卷 錢玫撰○案玫又有長者山房詩文集

歷朝上虞詩集十六卷 備稿錢玫輯是編藍本前明古虞詩集增益成之每作者名下繫以小傳道光乙未刊

國朝上虞詩集十二卷備稿謝聘輯錢玫輯歷朝詩至明末止聘輯是編自國初起至同時諸賢止道光壬寅刊許正綬序略云味農湖衣冠於在昔恐八琴之俱亡毅然以搜葺選存爲已任山陬海澨斷楮賸墨所見所聞悉羅而致之爲之審源流考出處刪繁碎定指歸凡閱八九寒暑而始成

吟香館詩集十四卷備稿謝聘撰

壽言集一卷謝聘撰

蘭言小集二卷謝聘撰

一角山房詩稿二卷備稿謝璠撰

重桂堂詩文集十卷附駢體一卷許正綬撰無錫秦湘業有序

國朝兩浙校官詩錄十八卷許正綬編輯是書官湖州教授時所輯以各府州縣爲編

次每人繫以小傳詳敘籍貫科目仕履及各著述其未能盡詳者別爲附編吳鍾駿序略云同年許壅生有志纂輯博稽舊聞俞咨故老同官益友左右采獲積五年之勤凡得一千二百餘人詩五千四百有奇或因人以存詩或因詩以存人采取博而不蕪體例嚴而有法班分條繫綱舉目張綴以小傳亦翔實足徵雖吉光片羽全豹未窺而墜簡零縑賴茲流播行誼學問亦藉以考見崖略則此一編也實有闡幽微顯之功非徒可裨志乘之闕漏備稿官之稽鏡已也

周易隱義口義　國朝上虞詩集錢協和撰○案備稿協和又有擊石拊石齋詩稿

虞故錄十二本　謝萊撰是書蒐輯掌故隨時著錄上自正史以迄國初先賢詩文集凡有繫上虞事實者輒詳述之○案萊又有一知錄鈔本今未見

天香樓遺稿四卷　備稿王望霖撰

載生吟三卷　備稿王望霖輯因墮水出險更號載生倡詩徵和彙爲是集

九絲吟草一卷　備稿王濱撰

舫亭詩鈔一本　胡樹本撰字作倫號舫亭又號椎生所遺詩稿大半零落其徒沈奎掇拾殘編彙爲若干卷王煦爲之序

四一日絕□卷　國朝上虞詩集沈烺撰字炳也號冰崖○案又有虛白齋詩稿

曉園詩存□卷　國朝上虞詩集陳濤撰

紅藕書屋詩草四卷　顧玘撰字小珊　國朝上虞詩集載玘是書無卷數今據顧氏家藏鈔本著錄

枕海居吟草□卷　國朝上虞詩集何橙撰

停山閣詩稿□卷　兩浙校官錄曹鳳標撰

清曠樓詩存□卷　國朝上虞詩集王鑒撰

虞邑賦一卷　徐樹棠撰樹棠所著又有左傳類鑰古今體詩覺世眞經排律咸豐辛酉燬於兵燹此賦係其次子彥藻於敝簏中拾得之光緒十年邑范氏梓行

帚珍齋詩稿□卷　備稿沈奎撰

螢吟賸草一卷　備稿趙泰撰

天香別墅學吟十卷漫存二卷　備稿王振綱撰○案王振綱又輯同聲集十三卷皆一時各邑名人題詠贈和之作

地理括要六卷　備稿王邦獻撰

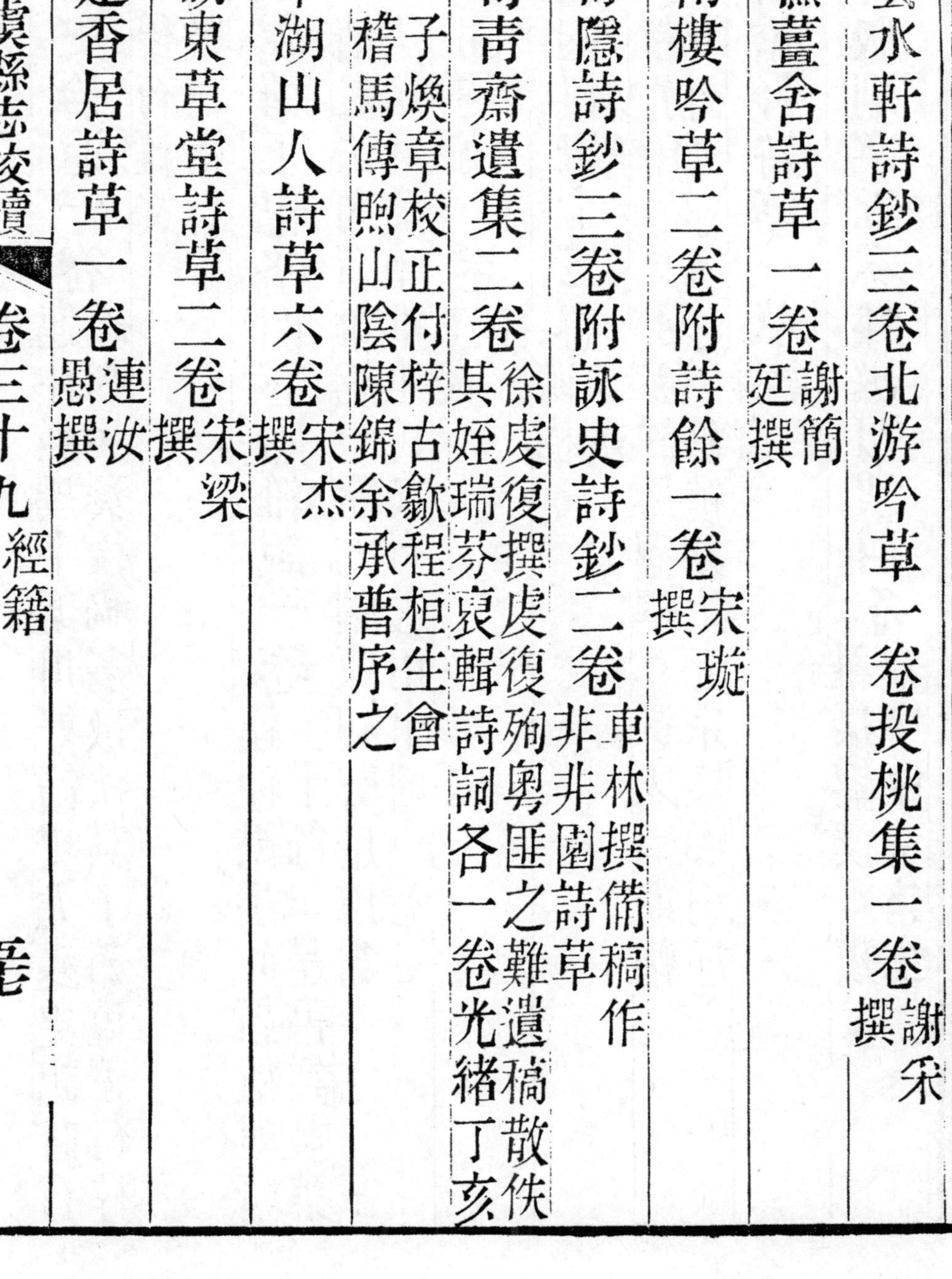

雲水軒詩鈔三卷北游吟草一卷投桃集一卷謝采撰

樵藚舍詩草一卷謝簡廷撰

南樓吟草二卷附詩餘一卷宋璇撰

梅隱詩鈔三卷附詠史詩鈔二卷車林撰備稿作非非園詩草

寄青齋遺集二卷徐虔復撰虔復殉粤匪之難遺稿散佚其姪瑞芬裒輯詩詞各一卷光緒丁亥子煥章校正付梓古歙程桓生會稽馬傳煦山陰陳錦余承普序之

阜湖山人詩草六卷宋杰撰

湖東草堂詩草二卷宋梁撰

楚香居詩草一卷連汝愚撰

論史拾遺一卷　連仲愚撰字樂川好讀史尤愛史記時有論列兵燹後稿多散佚其子茹蒐輯付梓後有雜文數篇附焉

上虞塘工紀略四卷附雜說一卷　連仲愚撰仲愚精理塘工十餘年是書詳載築塘之法內有雜說一卷尤臚陳利弊足以爲法。案敬睦堂連氏又有義田事略一卷

戔園詩稿一卷　王戔撰

耐園雜俎十二卷　陳樹蘐撰

雙瑞竹館詩鈔四卷　許傳霟撰。選入兩浙輶軒續錄上元宗源瀚有序

板橋軒詩草一草　曹官俊撰

碑版別字五卷隸辨刋誤四卷　羅振鋆撰。振鋆字佩南諸生

閨秀

江州刺史王凝之妻謝道韞集二卷隋書經籍志案通志藝文略同

宮詞五十首四庫全書總目提要宋寧宗楊后撰後有潛夫跋及明毛晉兩跋案舊邑志本傳止錄十一首七修類稿所錄止三十首餘二十首世久不傳今據潛夫跋則稱得之江左毛跋則云友人密緘遠寄云是少室山人手訂祕本蓋諸家之所增訂者也毛本脫去四字而迎春燕子尾纖纖一首落絮濛濛立夏天一首紫禁仙輿詰旦來一首云向刻唐人無氏名又蘭徑香消玉輦蹤一首瀨缺月流光入綺疏一首輦路青苔雨後深一首並向刻元人以其未便删去姑仍原本然阿姊攜儂近紫微一首疑是楊妹子所作毛氏不爲區別不知何故究之是書皆後人掇拾而成眞僞相雜毛氏詩詞雜狃旣合徽宗宮詞爲二家宮詞姑以流傳旣久表而出之以備參稽云

詠雛堂詩集口卷
越風商景徽撰徐咸清妻會稽商周祚
女西河詩話始寧徐大司馬舉義幡時
余甫丁年遊司馬軍門其次君仲山兄事余如家人然
及余出遊仲山每招余以詩語甚哀暨中道旋歸匿其
家喜其内人商夫人女昭華皆閨秀也仲山倡爲
讀西河新句詩令和之商夫人昭華各有兩絕句

徐都講詩一卷
四庫提要徐昭華撰諸暨駱加采妻父
咸清與毛奇齡善奇齡暮年里居昭華從
之學詩稱女弟子故有都講之目是集即奇齡所點定
附刊西河集中者也。案卷首尾有奇齡陳維崧序

花間集口卷
浙江通志徐昭華撰

繡餘稿四卷
國朝上虞詩集陳夢蘭
撰其母夢蘭而生故名

繡香閣詩稿口卷和鳴集口卷
國朝上虞詩集諸生車
兆熊配周氏撰夫婦能詩
爲一時佳耦。案又有
雙緣錯詞說亦周氏撰

繡莊詩草□卷　越風陳淑旂撰　國朝上虞詩集諸生志學女山陰戴學連妻早賦柏舟茹荼守志上林稱之隨園詩話陳淑旂晚思云弱質怯春寒名花帶月看惜花兼惜影不忍倚闌干

秋卿詩稿□卷　國朝上虞詩集胡秋卿撰陳贊聖妻

澄暉閣詩草□卷　國朝上虞詩集張淑蓮撰知州鳳翥女州同夏毓圻妻

絮風亭吟草一卷　備稿謝素珍撰太守廷樞女餘姚周世法撰

綠窗吟草□卷　國朝上虞詩集俞靜貞撰職員敬女連山綏猺同知何玉池妻

澄碧軒詩鈔□卷　國朝上虞詩集顧映玉撰職員霖女何玉蘧妻

得月樓吟草□卷　國朝上虞詩集謝韞春撰烏沙巡檢潮女山陰婁業恆妻

滴翠軒詩稿□卷　國朝上虞詩集陳蘭君撰甘肅貴德同知照磨愷女嵊縣舉人童瀚妻

迎暉軒詩口卷 國朝上虞詩集陳玉瑛撰甘肅貢德同知照磨愷女謝慶元妻

綠雲館吟草一卷 程芙亭撰副貢徐虔復妻後有賦三篇附刻虔復寄青齋詩集

繡餘吟一卷 宋彩華撰宋璇女諸生陸源妻

倚紅樓詩草一卷 潘淑正撰桐廬教授潘鶴齡女候選州同連芳繼妻

釋家

涅槃義疏十卷梵網經疏口卷 續高僧傳梁釋慧皎撰會稽上虞人

高僧傳十四卷 法寶標目梁釋慧皎撰

皎法師尼傳二卷 隋書經籍志釋慧皎撰

僧史二卷 宋史藝文志釋慧皎撰

且庵語錄□卷宏治府志宋釋守仁撰姓莊氏受具於等慈寺

六牛圖頌□卷萬歷志宋釋慧暉撰姓張氏號自得初依澄照寺後主天童法席

楞嚴會解疏十卷楞嚴擲九一卷千頃堂書目元釋維則撰

天台四教儀要正□卷兩浙名賢外錄元釋維則撰

冰蘗禪師語錄□卷海鹽圖經釋維則撰

鵶臭吟□卷檇李詩繫釋維則撰

佛法金湯編十卷兩浙名賢外錄明釋心泰撰上虞孫氏子號岱宗受具於等慈寺

天柱稿□卷淨慈寺志釋大同撰字一雲上虞人

竺庵集二卷尤氏藝文志釋大同撰

寶林編口卷千頃堂書目釋大同編集古今人所爲寺宇碑版詩文

瓦釜聲近稿口卷國朝上虞詩集釋宗尚撰字濱逸慈谿人流寓上虞道隆庵

山水音一卷國朝上虞詩集釋源潤撰字白先住蘭芎山福仙寺四明錢光繡序之

萍蹤集口卷備稿釋墨鏡撰

語花軒詩集口卷備稿釋紹位撰

我卜詩集口卷刊補釋慈鑑撰曹恆吉序略云釋我卜武林人棄儒而緇才思敏妙氣概豪放興會所至下筆成章初學少陵既而沈酣宋人家言挹其醴而去其滓一世能詩之士未之或先者顧宗孟序略云

我卜以山陰名家子甫弱冠補博士弟子員年未三十卽棄儒逃禪主法席於東山後退院居梁湖普濟其詩觸機構想別有瀟灑出塵之致已非學士家所能到而筆瀋墨瀾思理坌湧殆所謂靜者一無所有而實無所

不有者也我卜名谷俗姓錢自號平常人

惟一語錄五卷　刊補釋楫撰絺城童氏子初依台州通元寺後主上虞寶泉寺前二卷上堂小參三卷拈頌四五卷爲詩集末附雜文數首

斷疑語錄五錄　刊補釋祥本撰原名律本字源達號斷疑姓張氏江南長洲人依佛月庵利和尚歷主越州顯聖寺方丈後仍還本庵一二三卷爲主顯聖時語錄四卷皆佛月庵作五卷分佛事拈古頌古像贊囑法山居雜偈等目有甯波府教授張鯤序

附本邑志乘

上虞志□卷　郭南上虞縣志序至正戊子縣尹張叔温命邑民張德潤裒集又至正閒縣尹林希元屬學博勾章陳子翬重修

上虞志十二卷　郭南上虞縣志序永樂戊戌邑民袁鏵編稿其兄鉉彙成

上虞志十二卷　徐待聘上虞縣志序正統辛酉郭南私纂萬歷府志南居曹黎湖側欲以湖爲己有又冒郭子儀爲祖遂託修志盡更舊本改曹黎爲皁李又妄入汾陽裔孫後爲通判以貪致富乃重價購舊志焚之並燬其板今所存者南志也久之南志亦燬於火近新志錄本知縣朱維藩頗有增益然往時大抵襲郭故猶未成書

上虞縣志十二卷　浙江通志萬歷癸未貳守樂頌聘陳絳及葛桷修

上虞縣志二十卷　浙江通志萬歷丙午邑令徐待聘聘當湖馬明瑞邑人葛曉車任遠修

上虞縣志二十卷　浙江通志康熙辛亥知縣鄭僑修

上虞縣志十四卷　備稿嘉慶己巳知縣崔鳴玉聘仁和李方湛邑人朱文紹修

上虞縣志四十八卷光緒十六年知縣唐煦春聘邑人朱士黻修

虞志刊誤五卷虞乘刊補二十四卷續補一卷沈奎編輯奎初意只作刊誤一書後因採輯既多改爲刊補刊補者刊嘉慶志之誤而補其遺也同時參議者如錢玫謝萊俞廷颺王振綱亦各有辨證咸豐癸丑王振綱採錄原輯刊誤五卷刻於家塾而刊補全書迄未梓行浙撫烏爾恭額邑人王煦陳綺樹許正綬有序

虞志備稿十四本王振綱輯是書本沈奎刊補參以錢玫補稿虞邑事實多所蒐采自嘉慶壬申至咸豐甲寅皆振綱手輯稿未梓行

五大夫里志二卷國朝潘思漢輯分目二十有四○案浙江採集遺書錄載曹孝女廟志云上虞沈志禮輯志禮非虞人今不錄

案嘉慶志及沈奎刊補王氏備稿載經籍志有嵇康嵇紹謝萬謝朗謝宏微謝宣城葛洪陶宏景魏道微張以寍趙昱趙信趙一清諸人著述其中非盡虞人未及備錄

上虞縣志校續卷三十九　經籍志

上虞縣志校續卷四十

金石志

漢

永元磚　永元十一年

馮登府浙江磚錄長八寸厚一寸二分全磚文曰永元十一年中閒泉文二兩面麻布文極細字近開道碑齊廢帝永元三年止前涼永元四年止此和帝紀元也出上虞○今藏王氏南津老屋

邯鄲〔湻〕曹娥碑　元嘉元年

後漢書列女傳元嘉元年縣長度尚改葬娥於江南道旁爲立碑焉水經注上虞縣有曹娥碑縣令度尚使弟子邯鄲〔湻〕子禮爲碑文以彰孝烈寰宇記碑在虞州之上虞水濱○石佚文載祠祀

吳

蕭二將祠堂記 太元二年

將軍秦人也姓□□諱闓始皇東征□□弟閎同輔王□□□東之越既□□□□溺於海將軍□□□鞭於地而自□□化爲黃竹吾□□□此土以福斯□□□以沒已而□□□□□十圍長□□□□逌今猶存□□□因名黃竹□□□□之廼其營小□□□□□火於□□□□□澇之濤□□□□□□令是□□□□□□大其□□□焉□爲之記□□元二年三月日□

□□陽興立

輿地紀勝在縣東南十四里有斷碑云吳太元二年縣令濮陽興立錢玫金石志畧漢魏碑例不著撰書人名此碑但書濮陽興立亦漢魏舊例又嘉泰志稱吳斷碑今此碑中裂顯然與施宿所見正同越中金石目大帝太元二年三月立在箭山新黃竹祠○案額六字記十九行行八字俱行書現存八十三字

晉

太康磚太康二年

馮登府浙江磚錄長四寸厚一寸二分文在上端曰太康二年側有書窻泉文同范甚多皆全磚出上虞○磚佚

王右軍曹娥碑□□□年

舊府志曹娥廟舊有王右軍書小字本新定吴茂先嘗刻於廟中後爲好事者取去王澍翁林碑跋碑本絹書遒古勁健在諸小楷中别又一格昔人評此書謂如幼女漂流於波浪間殆不可曉觀其情思拂鬱骨遒韻促得孝娥哀號求父之意爲多

太平山碑銘　□□□年

萬曆志孫綽撰○石佚銘載文徵

西眺山斷碑　□□□年

謝敏行東山志西眺山巔有斷碑字畫模糊皆文靖所遺○石佚文無考

成公嶠摩崖　晉大元□年

舊府志世傳謝元破符堅歸爲會稽内史縣人榮焉因其表其里門磨平石巖大書深刻其上○字佚

南北朝

山居賦　宋□□年

萬歷志謝康樂撰○石佚

黃塚磚　□□□年

太平御覽五百五十九引會稽郡十城地志曰上虞縣東南有古冢二十餘墳宋元嘉之初潮水壞其大冢初壞一冢磚題文曰居在本土厥姓黃卜葬於此大富强易卦吉龜卦凶數磚置縣樓下池中○案此磚不詳時代今以宋時出土附南北朝

琵琶折古墓甓字　□□□年

太平御覽引輿地志曰琵琶折有古墓半在水中甓有隱起字云琵琶篮云吉龜云凶八百年墮水中謝靈運

取蠶至京師諸貴傳觀之○案謝靈運前八百年當戰國之初然不言是篆文當存疑此蠶因靈運始顯故亦附錄于宋又琵琶圻萬歷志山川篇作琵琶圻嗣後志山川古蹟者仍之或是傳寫之誤

日門館碑　齊永明八年

日門館者東霞起暉開巖引燭以爲名也先是吳郡杜徵君聲高兩代德貫四區教義宣流播乎數郡拓宇太平之東結架菁山之北爰以此處幽奇別就基搆栖集有道多歷年所

萬歷志陶宏景撰華陽本起錄宏景於永明庚午年東行浙越處處尋求靈異到太平山謁居士杜京產此其作碑之時也

唐

徐浩書經□□□年

嘉泰會稽志在

夏蓋山石不存

銅山湖記　元和二年

銅山湖記　鄉貢進士張□□□

粤有銅山湖者即我南陽棻侯□再榮之所建也□□

□□□□□□□□左允瘼旦人歎絶之次我棻侯而

獨咍然所咍者蓋由心能遠□□□□旁觀衆餒之

輩而無宿備者矣遂謂鄉人曰没者已没存者須□□

□□□山之北谷嶺之陽左巒右隴之内仍有寶泉一
眼水涾涾而涌氣□□□□磨砂旋歐騰□汩汩無冬
無夏不滋不縮四顧平仰迴合堅貯寶可以□□□哉
然君子所居必有隣爲德隣者誰與鄮有下邳余鼎鄉
尹黄芝童雲□□人智計相亞皆以道同意合俱時嚮
應起元和二載歲次丁亥二月旬□□日下手築捺月
纔半而功畢畢功之日清波溢岸汎羃羃之晴煙澄巒
□□曙月植戸四十漑田三頃平深一丈已上周迴四
百餘步可謂形穿鏡□□瀉虹規鵁鶄弄影兮乙項鸕

鵁鶄翼兮倅觜春藻未生瀉天形而淨盡□□纔息點星彩而無遺到疊山光則林花笑底翻鋪雲影則玉蘂□心孰□□化由人澄虚在水既得東塘永固而南畝無憂汪洋雖小於鏡湖運智而□於　太守乃恐代之遷變後來者不知前之所能僕雖不才聊述湖主之□而爲記之

奉贈　　棐□郎新湖詩　　余鼎

賞眺新湖趣澄漪寫物華採蘋經綠澂垂釣倚枯槎水動魚驚鳥風摇蛛□花宛然登興處盄羡武陵家

同前　　汪仲陽

平湖近闌干峯□物色如今滿面

新風擺野花香撲撲水澄絲柳影鱗鱗高低菡萏分紅
藥出沒鵁鶄閒白蘋迴首更看南北岸不知何處不宜
人　清河張太安鐫
越中金石目張西岳撰憲宗元和二年立在花衚莊葉
氏後有余鼎汪仲陽詩○案碑高五尺廣三尺行書二
十行行二
十九字

沈府君墓誌銘　寶[歷]元年

唐故吳興沈府墓誌銘并序　進士胡不干撰
閒居大隱澤丘遺賢抗情居士浪跡逸民今我吳興沈
君跡躅斯哲也公諱朝字憲忠父玫祖敬霅溪人也廿

傳儒素章以潤身頃因避廿卜居上虞代歷星霜存没
榮曜莫之能紀也公雖不仕志隱旗亭不趍非類習古
風□素口開通廿財以益其業也公以天期不永粱木
倏摧嬰以沉痾逾月不瘳以寶歷元年六月十七日終
於私第春秋六十有三有子一人名曰良過□魯之服
習先典之書威儀堂堂藝在人上女有四人並有歸矣
公運不淑男有柴泣女慕娥號夫人張氏執喪盡哭毁
瘠盡哀孰謂禮有棄情喪有易祭擇先吉日龜筮叶從
以其年八月十日窆於寶泉鄉額前子之村阡也嗚呼

人之云亡不可追矣歲月推遷難以記矣刊石勒銘迺
爲詞曰
寳泉瀝〻長流泉溪竹敷〻兮長噴煙風摇泉竹聲濺
〻不休不息常蓊然府君元寢沉茲壖日來月往年復
年
巨唐寳歷元年歲次乙巳八月辛丑朔十日庚戌建立
茲銘故記　使主元　邑宰張
前試左内率府兵曹參軍左仇書并勒字
新增磚廣一尺厚寸餘正書十九行光緒己丑秋漲時
出土農人得之谿上今藏夏溪丁氏養園○案磚第一

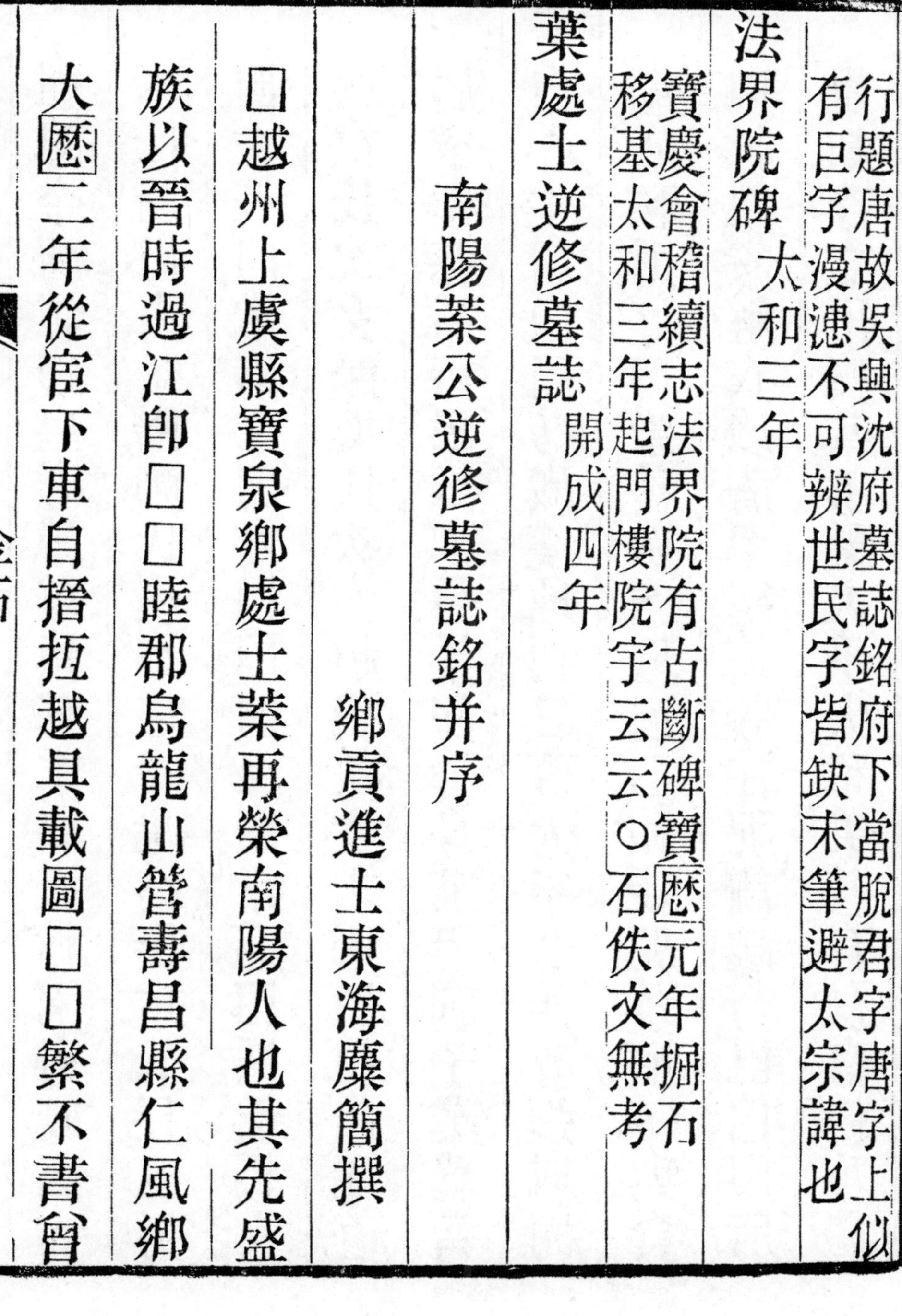

行題唐故吳興沈府墓誌銘府下當脫君字唐字上似有巨字漫漶不可辨世民字皆缺末筆避太宗諱也

法界院碑　太和三年

寶慶會稽續志法界院有古斷碑寶歷元年掘石移基太和三年起門樓院宇云云○石佚文無考

葉處士逆修墓誌　開成四年

南陽蓁公逆修墓誌銘并序

鄉貢進士東海麋簡撰

□越州上虞縣寶泉鄉處士蓁再榮南陽人也其先盛族以晉時過江郎□□睦郡烏龍山管壽昌縣仁風鄉大歷二年從宦下車自搢挺越具載圖□□繁不書曾

祖諱令祖諱釗皇考諱玤皆務本樂道林園避時高尙
不仕□□人滎陽鄭氏環公之女也公娶童氏長五男
四女長曰常倩次曰常□□□乂曰常邁曰浩然長女
適童氏次女歸樓氏次女趙氏次女求氏□□□端直
居家孝慈名行眾推郡邑景仰謹身節用訓子業農智
自心生□□□巧歲獲地利日資天年造作改張成樹
邳店輕財好□崇善敬空□□□和親朋恭順每與食
以救飢餧解衣以濟單寒信義在躬謙讓行已□□所
貴知存亡得喪其唯聖人乎大雅美其有初有終乃爲

君子也遂得□□語妻孥曰人生必有滅有來必有往
吾欲逆修墓塋齋七身後无擾尔□□□□孥變色相
顧叶順無違以開成四年七月廿四日卜宅吉造選地
□□□鄉孝敬里新成村預造墳墓合祔並全先備夫
妻同穴之義□□□□□昌年畏月葺日歸葬此原生
前有言誡諸子曰常倩等儉省□□□□□□□奢
僭益後子孫莫惑交親宜守志行喪祭依禮无忤□□
□□□□□□忘託麋秀才文字爲我銘云簡依命
牽拙其辭於後　□□亡兮其唯聖人　知得喪兮

固非凡身　成家基兮心　□□□　□□□□□爲

神　墳兮壟兮厚其壟　松兮栢兮無爲薪　□□□

□□□□　□□□□千萬春

越中金石目麋簡撰開成四年七月立刻於元和中銅

山湖記碑陰○案碑高五尺廣三尺行書二十行行二

十九

字

上福寺經幢開成五年　郎等慈寺經幢

□頂尊勝陁羅□□□　譙國奚虔已書

經文不錄　佛頂尊勝陁羅尼經　上福寺主僧元素

上座僧紹弘　都維那僧清溢　僧神亮　文則

德言　寶泉寺主僧清印　上座匢緒　都維那惟鏡

開成五季三月□□建　淨信弟子某爭榮并妻

童氏男五人倩春乂邁晧共立永充供養　同勾當經

院田人趙廣　樂遜　馬成程曇□□刻字

兩浙金石志奚虛已書不著於錄字體疎朗宋歐陽文

忠公隴岡阡表極似之錢玫金石志略元和姓纂奚姓

載北海廣陵二郡望而不及譙國晉書嵇康傳其先姓

奚會稽上虞人以避怨徙譙有嵇山家於其側因而命

氏是奚姓本上虞望族康徙譙而改奚爲嵇則譙之有

奚安知非嵇復改爲奚乎越中金石目開成五年三月

立在縣治等慈寺南岸菜圃○案幢高六尺

餘八面面廣九寸行書面八行行六十四字

五夫經幢會昌三年

佛頂尊勝陁羅尼經序　河南万俟宗書

郢人程曇　河內司馬簡刻字　前太廟齋郎滕冊

經文不錄　佛頂尊勝陁羅尼經　會昌三年九月二十七日建　邑宰王　丞方　□□□　尉嚴郭周　功德主將仕佐郎前守宣州溧水縣尉劉臯并妻楊四娘男惟謙　功德主楊□弟竦弟信　勾當僧常雅　楊尙□　蕭六娘　劉五娘　六娘　周㫜　同建　嚴璨　吳敬宗爲亡妣　錢文舉爲亡□太婆　徐華趙□　劉文直　孫行復　虞濤　丁位　以上第一列

皆聖宋慶[曆]柒年太歲丁亥六月六日重新□□竪造

□□□佛弟子陳□忠妻□廿三娘男□□□□合□

□□錢□□竪立永久不闕下

此十三行在第二列之一面

越中金石記幢爲万俟宗書唐人經幢字多可玩此刻紀歷千載幸未蝕殘而紀載莫及幾有名氏翳如之歎第二列頗漫漶僅有上柱國都尉等字可辨蓋皆唐人題名也○案幢在五夫虹橋南岸第一列高五尺餘八面正書面八行行六十四字第二列高四寸餘行字無攷正書大小不等

五大夫新橋記　會昌三年

五大夫　内二所

新橋記　匡廬山野人余球述汝南周捘書

夫山嶽降靈非大聖無由開化適化所有非釋教無以導心於是會稽東不遠七十里有大澤曰虞江、之東南廿里有草市粵五大夫在鳳山南面山則連環朝仰如君臣相揖有序冠絻維異人莫能測本因焦氏立塋於此孝感上聖而爲名焉故其地也聚天下之巨鬻天下之貨市之南崗則德輿村大雲寺置庄於茲市之北新江路、通於市則黃山河古人以彴之將接行旅爲不滯之由緣不壯不麗危而且險或遊童牧豎登陟於此多悞斯墜墮以父母兄弟□噎相仆爲巨所病時大

雲寺僧常雅公本吳郡富春孫氏因宦徙居金華焉上
人少小聰慧知釋教之可歸丱歲從緇心若冰鏡戒全
鵝珠窮阿難之妙音洞迦葉之微旨旣見我皇帝乾元
啓運布德維新遂乃發心募緣造茲橋二所其橋上臨
星斗下跨洪流茲萬世之妙因旌千秋之勝善時有前
溧水尉彭城劉公□臯發心造斯勝幢共議□卓立南
岸用彰永福□□□□□太子嶽牧縣宰父□師僧十
室長幼資其冥福使億刦著善爲行旅揭厲逃炎送餞
賞翫怡神者哉時　廉使李公仁風遠扇臥牧百城邑

大夫　王公術過烹鱻軫嵇琴於棠樹　丞公簿尉諸
公有仇香之異能同梅眞之惠化并州縣職吏及市內
尊幼四村檀越並八龍兄弟三虎子孫共植勝因同崇
廣福　會昌三年歲在淵獻月屬無射二十有九日
建　清河張太安刻字
□唐會昌三年建此幢至五年八月奉勑毀寺其幢隨
例亦毀至大中卽位元年佛法重興至四年庚午歲秋
七月九日前宣州溧水尉劉臯與當闤闠信士等同募
緣而再建立於□夫橋南□丹雘周圓伏慮代□□□

後人不曉遂尉金石聊□□□　廉使李　令常　□

□　主簿羅　尉李　鄭　□□將鄭　勾當陳繼宗

馮招記中鈌文據五夫志補

越中金石記此刻嘉泰志云石不存寶慶續志云刻於市中一石塔之下前志蓋未嘗見也然續志知有此記而不載其文孔延之會稽掇英集詩文多由搜巖剔藪而得亦復見遺若金石家更從無著錄者余得是刻惜其間有殘鈌○案刻高九寸廣一尺六面行書面十一行行九字跋正書十一行行十二字在五夫刻於經幢下截周援嘉泰志作周授誤

崧鎮經幢大中三年

經文不錄下闕年發心造陀羅尼幢一隻五年奉　勑毀拆

至大中三年　皇帝再興下闕　郢人程曇　馬市下闕

錢玫金石志略幢在崧鎮大橋康熙年間俞太守卿不知從何處移置今所越中金石記石已中折僅存下截一段宣宗復佛寺在大中元年此云三年再興者據重建時言之耳○案幢高三尺餘八面面廣六寸八行序行書經及後記俱正書刻已漫漶多不可識

重刻葉處士墓誌　大中三年

南陽蔡公逆修墓誌銘并序　鄉貢進士東海麋簡譔　故巫州刺史孫高師立書十字元刻無　清河張太安鐫六字元刻無

越中金石記此誌與重刻銅山湖記一碑兩面刻之湖記末云大中三年八月十一日鐫記書匠同前所謂同

前者即指此誌則亦大中三年所勒矣書者高師立題故巫州刺史孫孜巫州置於貞觀中廢復復至大歷五年改叙州嗣後無巫州之名其孫與大中年亦約略相值以是知二碑雖重刻實仍在唐代無疑也惟造墓本在開成四年此作會昌元年較遲二載或有改期之事若歸葬在甲戌八月廿壬申日元碑既經添注此作咸通二年十月廿一鐫記日亦屬後來增加何以不合但咸通已下十字筆跡甚劣意必不通文義者見碑有空格因效湖記某年月日鐫記之語妄爲添刻耳至元碑再榮曾祖名金而此云祖諱其曾祖之名審視初不成字殊不可解也○案碑高三尺餘廣二尺餘額篆書墓誌二字文正書二十行行二十七字誌文見前不錄

重刻銅山湖記　大中三年

銅山湖記　鄉貢進士張西岳撰

大中三年八月十一日鐫記書匠同前　十五字　元刻無

越中金石記葉再榮墓誌高師立書張太安鐫此亦二人所製故云書匠同前余意當時重刻二碑者必元碑立於銅山湖此乃刻置於家葉氏相傳碑自明洪武中移至花磡莊本宅者蓋元碑也○案碑高三尺餘廣二尺餘額篆書湖記二字記正書二十二行行二十七字記文并詩見前不錄

遺德廟經幢記

首行闕　前□宣州涇縣尉李下闕

漢明帝夢金人□□□□□□□□□□□□□□□

□□□□□□興□□□□□□□□歸心乃□□□

□□□□□□六根無□□□□□八□□□意□□

□□□□□永興俱入□□唐□□□□□□□□三

□□□□□□□□□□□□□□□□□皇帝施□
□□□□□審訛謬□□□□□□□□瑩淨□三寶
□立□四□□□十力□□□□□□□□□□□□
□□□□□□□□□□□□□□□窺及無爲□□
□□□□有五大夫草市□□□□□拱信思者皇撫
州□□□与大清信弟子方少通□□□□□斯道場
建造陁羅尼□績永□洎我皇昭諭當□□□□勑拆
毀自會昌五載□□□□□□未因再樹□□□□□
今有□信弟子方少通重新□□□□□□□□□□

□□□□□或濫□□舉首□□□□心證無爲之
體助□□□□具列人名刊於貞石□□□□□□
舊觀□□□□□□□□□悟佛□□□□□□□
□□□桒□□□□□□□永□不朽大中□□□

清河張太安刻字

□令常　鎮遏將鄭　丞蔣下闕　尉李　□□□榮
廟祝下闕　功德主方少通　功德主錢師愿　張皐
方朝　刁亮　姚三娘　沈庄　嚴虞　魯五娘　二
娘　嚴袞　徐暀　孫行思　黄制　姜宗訓　楊萬

師　楊愛闕餘俱　在丁丑四月己巳朔初十日戊闕下

越中金石記此刻經已不存記文二方剝蝕太甚餘四方皆題名尤爲殘闕今擇其可辨者錄之以存唐代古蹟令尉諸姓與大夫橋記同蓋亦大中四年所刻其有云丁丑四月者丁丑爲大中十一年則後來又有續刻矣○案刻高九寸六面面廣一尺餘面十八行行十二字二面正書四面行字無考

寶蓋寺殘幢　□□□年　郇塔嶺經幢

佛頂尊勝陁羅尼經　天水□□□書　清河張

太安闕下

經文不錄　觀察使李　縣令馬　丞蔣　主簿孫　尉

第伍　尉沈　尉馬　鎮將歐陽　耆壽徐闕下　氏

姚氏　弟西翰妻翁氏　西□妻□氏　西道　西□

孫惟□惟曰　惟慶　惟師闕下　翁□三百　盧

□□百　盧成五百　宋女一千　童涓一千　呂南

五百　呂招五百闕下

萬歷志山川篇塔嶺畔有斷碣刻梵文剥落不可讀越

中金石記幢僅存上截年月已闕惟觀察使李及刻字

之張太安與五夫橋幢同丞蔣與遺德廟幢同則亦大

中間所立矣錢漢村云幢向在寶蓋寺後移塔嶺菴内

今仍題舊名以資考證○案幢高三尺八面面廣八寸

序行書經及題名正書面八行行存數字至三十餘字

不等今移置尊經

閣下石裂爲三段

瑯琊王子琚墓誌咸通三年

復齋碑錄李修撰陳郅行書咸通三年十一月立○石佚

國慶寺咒幢□□□年

佛頂尊勝陁羅尼經咒不錄

錢玫金石志略石在東山國慶寺旁小石塔蓋座俱新裝置咒刻上層石質頗古越中金石記案嘉泰志國慶寺爲唐中和四年建咸通九年賜額茲刻雖無年月然屬唐代無疑○案幢高七尺八面面廣四寸正書共四十七行行字不等

利濟侯廟記□□□年

寶慶會稽續志唐人撰○石佚不詳姓氏

五代

吳越浚舜井得寶物碑記　唐天成四年

十國春秋寶正三年閏月王命浚上虞縣舜井得讖記寶物及重華石等萬歷府志碑在上虞百官市○石佚

福祈禪院碑　晉天福四年

道上虞西北四十里福祈峯下舊傳吳赤烏閒僧純一師化其族李之所居爲伽藍號祈福院訖今鄉人尊稱一法華開山祖是有晉天福二年丁酉行滔師主茲山弟子無相自孫出也兄鎰鑑鎰以武職顯院樵僞仄倚山皆孫氏業相言於兄樂助形勝凡山之爲畝者三十又六地之爲畝者四東距院田南艘院阯上極其峭而

高者維西下臨其坳而深者則北披蓁肆莽翔大阿羅
漢殿猶神輸鬼運咸姹乎成之速復言於兄請諸朝四
年己亥賜額福祈禪院順山名也嗚呼二師相去寥迥
肇基拓業若合符節世之稱士君子者或羣聚而訾浮
屠之說厥子肯堂肯播視相之舉爲何如純一師其有
傳矣行滀師其有後矣繼繼承承爲國祝釐永永無疆
而利益之及於檀施者其又有不可量議者矣猗歟休
哉余屬與行滀師游俾識初末垂示將來不得辭是年
臘月望日外友鎮海節度判官吳興張孝先撰并書

佳山行道刻石　四明王仁鐫

越中金石目晉高祖天福四年十二月立在小越嘉福寺○案碑高一尺餘廣五尺正書二十七行行十二字

宋

法果寺記　天聖二年

萬歷志天聖二年十一月沙門仲林記住持保珣立石東陽聖壽寺有交集王羲之書○石佚文無考

重修豐澤將軍廟記　天聖六年

寶慶會稽續志天聖六年齊唐作○石佚案萬歷志方石聖官廟碑卽豐澤廟記也浙江通志作唐方石撰誤

重刻利濟侯廟記　慶歷四年

寶慶會稽續志慶歷甲申李晏如得唐人所撰利濟廟記重刻於石兵火其刻不存里人以紙本轉相傳授

等慈寺釋迦文佛像記　慶歷五年

浙江通志太常博士胡昉撰○石佚文無考

廣利侯廟記　熙寧□年

越中金石月華鎮撰

熙寧中立○石佚

封廣利侯勅并廟記　熙寧十年

正統志熙寧丁巳三月二十七日趙抃記

越中金石記施某書闞某題額○石佚

劉氏義門碑額　元豐四年

敕賜旌表門閭并記篆書八字徑四寸

越中金石記此宋劉承詔義門碑記額也嘉泰志載熙寧十年趙清獻公抃爲守得上虞縣劉承詔唐襄公德

威之裔德威五世孫愉避黃巢亂自河南徙上虞至承詔十世聚族四百餘口內外無間言畜犬化之一犬不至羣犬皆不食號孝義劉家淸獻公歎異以其事聞於朝有詔旌表門閭復其徭役公爲之記今碑石已爲兩段一段連額高五尺八寸一段高二尺五寸皆廣四尺一寸額下絕無一字使當日礱石未刻則額不應先勒意必後人利其碑石欲應他用磨去其字額字大刻深一時未能盡滅經有識者阻之僅得不毀耳宋史孝義傳紀義門凡數十家獨劉氏未載此史之疎漏也至額稱敕賜旌表門閭并記則上面必刻熙甯敕書惜志乘向未著錄惟淸獻公記具載本集○石在縣東門外碑牌頭陳氏屋側文載文徵

重刻曹孝女碑　元祐八年

後漢會稽上虞孝女曹娥碑　上虞縣令度尙字博平　弟子邯鄲淳字子禮撰　蔡邕題其碑陰云

黄絹幼婦　外孫韲臼文載祠祀

宋元祐八年正月左朝請郎充龍圖閣待制知越州軍州事蔡卞重書

曹娥埸大使河南孟津縣李恭命工刋補字畫覆以亭屋宣德九年六月壬子題

乾隆府志在曹娥廟兩浙金石志曹娥碑右軍小楷書唐李北海曾以行體書之世無傳本此蔡卞於元祐時重書應從北海原刻而出宋時猶及見眞本蔡卞書米元章嘗稱之此刻桀驁自喜而時露波磔王元美所謂有書筆無書意多參己意者要之不可以人廢也碑經明季重刻故末有李恭題字越中金石記春生按此碑拓本末行向多模糊僅辨上截數字余命工精搨得其全文始知明人間加搜剔故字畫精采稍損非重刻也

〇案碑高五尺餘廣三尺餘行書十八行行三十字後有李恭題字一行三十一字

福聖院結界記 政和元年

會稽郡江北纂風鎮福聖院昔錢氏有吴越廣順元年鄉宦蔣欽等狀乞以嚴可瑛所捨之地建堂屋三間以爲鄉衆焚修設齋植福之處仍請與福院省諲主之得旨依申以延壽爲額厥後徒侶既衆舍宇漸增本朝祥符初天下寺觀例賜名額始易今號然雖堂殿完密像設嚴整而往世因循未嘗結界伽藍制度有所未備□城開元時講僧履淵結生□□募道俗一萬人同修淨

業化緣居此人頗從之又觀院衆率多□學各尙熏修於是率諭上下具疏展禮命予□□待結界法隨方立標區別於中外約量集衆檢校於和別唱相以告之秉法以加之三相無差十緣斯具自從衆□□可舉而行攝僧護淨各有分齊上從標際下徹金輪無作神功住持常在故使龍天之所翼衞焚掫不能漂　□政和元年十月二十五日也餘杭靈芝蘭若釋元照記

行事儀式　此院掫建已來未嘗結界□戒壇經羯磨疏行三反重結第一反先結大界依僧祇不可分別

聚落集僧法堂行法口寛標狹四向各取六十三口比丘元照秉羯磨比丘守頎唱相比丘彦琳答法第二反解前大界比丘彦琳秉羯磨比丘景觀答法第三反再結大界比丘元照秉羯磨比丘清印唱相比丘彦琳答法次結淨地此院衆庫别房各有庖舍準四分本宗刖結淨地比丘守頎秉羯磨比丘景觀唱相比丘清印答法

攝僧界相　　從此院外東南角石標外角旁籬外西下至籬角石標望西直下至石標旁籬外西下至曲角旁籬外南出至轉角旁籬外西下跨籬門過徹

至西口角石標外角從此旁籬外隨屈曲北入跨水濱
過復旁籬外北入至曲角跨籬門西下至轉角石標旁
籬外北入徹至西北角石標外角從此旁籬外東上跨
籬門過至曲角旁籬外北入跨籬門過至轉角石標旁
籬外東上至轉角旁籬外南入至曲角屋柱循柱外轉
旁闤外稜東上至屋柱循柱外轉旁闤外稜南出至曲
角旁籬外東上徹至東北角石標外角從此旁籬外南
出至曲角旁籬外東上至轉角石標旁籬外南出至轉
角石標旁籬外西下至曲角石標望南直口口口頭石

標旁籬外西下至曲角石標旁籬外南出還至東南角
石標外角　攝食界相　此院今將東向厨屋三
間雜物閣兩間并諸僧□房內厨屋分齊處四向蔬園
果樹下並作淨地左右淨池各立石牌
□□□士胡舉母親陳氏一娘與家眷等施財立石僧
衆希□　仲賢　希□　□□　梵文　仲□　梵宣
仲才　□□　道因　□□　□□　□□　梵□
下闕　希湜　道□　仲祥　希用　希鑒　子槐
□□　□當結界下闕

賜紫[下闕] 講經論首座希□ 住持沙門 希□[下闕]

□□陶揆刻

案碑高六尺廣二尺餘額篆書六字記行書二十二行行四十五字碑中裂在纂風福聖寺

朱娥祠記 政和四年

萬歷志江公亮撰○石佚

遊東山記 紹興七年

越中金石記王銍撰○石佚文載山川

定善寺記[淳]熙七年

萬歷志[淳]熙庚子十月朝散大夫李知退撰○石佚文無考

夏蓋湖建二閘記淳熙十二年

水利本末潭州左司理參軍厲居正撰權

通判廣州軍州事褚意書并隸額○石佚

上虞縣修學記淳熙十四年

紹興府上虞縣重修學記　奉直大夫新改差知饒

州軍州兼管內勸農營田使賜紫金魚袋豐誼撰

從事郎新特差充福建路提點刑獄司幹辦公事潘友

端書學校文載

淳熙十四年六月日記　修職郎縣尉薛寇　修

職郎主簿孟致中　承直郎縣丞王濤　奉議郎

知縣主管勸農公事賜緋魚袋劉笞　　前學長李晉

明學長黄士表學諭李孟陽直學劉溫舒教諭劉昌朝

司計貝良臣立石　　會稽陳師中刻

越中金石目在上虞縣學○案碑高九尺廣四尺餘額借書紹興府上虞縣學修學記九字記二十一行題名六行俱正書

先賢祠碑記□□□年

萬歷志李孝先撰

○石佚文無考

清水閘碑記嘉泰元年

萬歷志邑人孫應時

記○石佚文載水利

等慈寺石塔題記 開禧三年

大宋國紹興府上虞縣□□□鏡泉里居住奉 三寶弟子□鎰謹施錢財就等慈禪寺□□石塔六所永鎮佛剎仍保家眷如意吉祥者時大宋開禧三季歲次丁卯九月初十日金□□恭爲祝延 聖壽無疆 南無毗婆尸佛 南無尸棄佛 南無毗舍浮佛 南無拘留孫佛 南無拘那含牟尼佛 南無迦葉佛 南無釋迦牟尼佛

越中金石記宋時所建六塔今祇存其一塔上石刻六方其二方惟首行佛頂尊勝字可辨餘皆漫漶矣○案

刻高七寸餘廣六寸隸書六行行十二字又一方高廣同正書二行又二方高一尺餘廣九寸餘隸書七行

重建豐惠橋記　嘉定十七年

正統志煥章閣學士大中大夫提舉南宮鴻慶宮四明袁燮撰○石佚文載橋渡

九獅橋題字　嘉定七年

嘉定七年歲次甲戌二月初六日辛丑重修

越中金石目嘉定七年二月立在上虞縣治九獅橋○案刻高五尺餘廣九寸直行正書十七字

視清亭賦□□□年

萬歷志趙友直撰○石佚賦載古蹟

寶慶御筆　紹定元年

朕親御路朝首興教化士風所繫尤務作新比年以來

習尚澆漓文氣卑茶純厚典實視昔歉焉豈涵養之未

充抑薰陶之或闕咨爾訓迪之職毋拘內外之殊各究

乃心俾知所嚮矯偏適正崇雅黜浮使人皆君子之歸

如古者賢才之盛副予至意惟爾之休

付三省 㔾 封　　臣　仰惟　皇帝陛下以聰明

濬哲之資　嗣登　大寶　留神　典學　緝熙　光

明　發諸　初政惟以　教化爲大務迺者　首御

路朝　親灑　宸翰　念文風之萎茶則　思崇雅而

黜浮　觀士習之澆漓則　欲矯偏而適正　大哉
王言　坦然明白　□之琬琰　雲漢昭回其於　君
師　範圍之責可謂盡矣鳶飛魚躍孰不興起臣猥
以非材叨塵邑寄祇承　綸綍與被　龍光謹摹勒于
石傳示無窮期與一邑之士恪遵　聖訓以無負　丁
寧告戒之意庶幾承　流宣　化之萬一云　紹定
元年七月日通直郎兩易知紹興府上虞縣主管勸農
公事　臣　趙希賢拜手稽首謹書

越中金石記理宗留意文藝當時有文章天子之目畢
氏續通鑑載寶慶二年二月諭知貢舉程珌等務審去

取而不及此詔是可以補史籍之闕者也〇案碑高五尺廣三尺額篆御書二字橫列陽文碑分二列上列詔十行行十字下列跋三十三行行二十八字又年月銜名一行俱正書向在縣學經匪擾石佚

遺德廟記 紹定六年

原夫太極肇分三才定位佐圓方之化育廼自神祇保區宇之昌盛率由英傑是知人神一致幽顯殊途生則負業負才功名冠世歿則至靈至聖禍福及人代有可稱永存典祀而神周氏諱鵬舉字垂天東晉時會稽人姬氏分枝汝川啓祚軒裳襲慶冠蓋僅芳稟靈虬無匹之資挺天馬不羈之質文戈曜彩早符卻日之能智劒

騰光自淬泱雲之利宏詞登第雄俊成名初宰上虞憂
分百里帀絲桐口政兼冰蘗之權民仰如神物資厚利
歸朝龍闕出牧鴈門纔興廉袴之謠巳顯孟珠之譽人
安俗阜歲稔時清繼隆竹帛之功迥播仁賢之美自後
心思退讓志務幽閑俄辭建隼之榮遂厭利口之貴念
昔會稽東上虞北曾遊漁浦湖遇春景韶光訪物外之
靈蹤尋湖中之勝槩益見澄瀾湛湛分玉鏡之清光翠
岫峩峩列雲屏之秀色松篁掩映花塢奇幽每資賞眺
之情頗愜嬉遊之趣舟泛清澥車乘白駒全家忽隱於

靈源闔境但驚其神化俄而潛通肹蠁迥布威靈升爲
水府之僊超統陰司之職卽時聞奏丹陛肇建嚴祠敬
之者福必生焉犯之者禍當立至牲牢互進籩豆交陳
遠近居民無不畏憚漁浦湖後改名白馬湖餘姚縣圖經載周氏乘白駒沉漁浦湖事標史冊
時有明州天童寺僧曇德禪師道高康會德重圖澄
感太白之眞星下爲童子乘菩提之果位卽告歸天其院因此立名天童寺
禪師聞神血食生人由是特垂慈力俾歸正
覺徑造靈祠禪定身心結迦趺坐神顯靈通萬狀變現
無方禪師寂若無人湛然不動神乃尋知悔過忽現眞

身與三夫人禮拜歸依受五戒三皈之法祭奠不茹葷
血廟廷願託祇園明州天童寺記范的撰云有名宿曇
人命公往以慈力□□□□師縉雲至而時聞會稽白□□□□
□味歸化彼土事跡存焉　昔本在湖壖地形窄隘鄉
人孔澤趙瑗以□□非立伽藍之所謁誠祈□咸願遷
移啓告□終狂颷忽起朱紱飛停之處香爐飄落之中
民乃上聞於官敷奏乎帝續降敕命建置殿宇精崇梵
剎安處祠堂院與廟名咸爲利濟會昌五年天下廟廷
例行停廢惟此廟宇獨與重存後佛教重興一切仍舊
春秋祭祀不茹葷血牲牢惟只蔬素香燭勾當僧惟省
檀越孔澤等與衆刊石立碑并繪塑像三十二身其碑

元有二廳一在利濟院一在五夫廟內於雍熙三年丙
戌歲上虞知縣仲贊善差人□□移入本縣於碑陰
上刊縣記其利濟院內者損折在本院佛殿□池內今
塡池作經臺巷是也其五夫廟內者船載到曹娥江中
溺於深處今　並民間祈求應若答響所聞官奏請迎勑
不得而見矣　入廟封爲利濟侯
乃大唐天寶二年後分香火於五夫鎮又建立祠宇與
其神像至大宋祥符三年改院名法界續降朝旨取責
本廟供申既取又准勑命仰嚴潔致祭禁樵可謂奉天
探觸毀并印給圖經在上虞縣春秋致祭焉
之令安國之禧咸叶庶氓乃爲讚曰　神道性兮杳冥
人神應兮有靈稟一生兮丈夫欽萬古兮留名威声震
兮赫奕劔氣上兮衝星仰如在兮享祀感神理兮精誠
爇香火兮不絕永表載兮典經利濟侯因天賜仙官咸

勳民稱　右　五世祖太子少保諱晏如慶歷四年
甲申□□所作後一百九十歲實紹定六年癸巳四月
五世孫朝請郎新通判温州軍州兼管內勸農事賜緋
魚袋李知先謹書而刻之石　姚江馬信同男謙刊

記中缺文據
正統志補

乾隆府志在五夫鎮利濟侯廟紹定六年癸巳四月立
正書横列刻書撰人名俱缺錢玫金石志略注引餘姚
圖經緣長慶初上虞併入餘姚故也越中金石記今所
傳者僅百八十餘字經地志大加刪減無復舊觀惜知
先當日不并唐記而勒之也跋中晏如二字皆缺末筆
又知先爲莊簡公光之孫直寶謨閣孟傳之子故碑文
光字傳字亦缺末筆其讓字缺筆者避濮安懿王名鵬
舉二字缺筆者則以神諱故也神諱缺筆亦此碑僅見

○案碑高五尺餘廣三尺餘分四列每列正書二十一行行十二字記中附有夾注

白馬湖約束碑嘉熙元年

水利本末儒林郎監潭州南嶽廟陳謙記立石五夫長慶寺○今佚此碑即陳謙水利記載水利夏蓋湖

淨衆教寺記[滬]祐十二年

萬歷志[滬]祐壬子五月既望劉英發撰○石佚文無考

上虞縣進士題名殘碑□□□年

前趙汎夫　趙彥鈕　趙彥鐣　趙汝眘　紹定二闕

年黃□□　趙希□　特奏名　杜夢□　張

師□　五年徐□□□　梁大□　李衢　特

奏名　莊騏　高不愢　□□□年吳叔告榜

趙汝謣　□燁祖　□□□年周坦榜　趙崇

櫝　孫逢辰後闕　在上一列　前闕□□元年姚勉榜

趙戛□下十二行闕　特奏名　李以秉　武舉特

奏第二名　杜夢與　趙崇溘　寶祐六年

宗學奏名後闕　在下一列

越中金石目年月闕在上虞縣學〇案碑高二尺餘廣三尺餘分上下列上列存趙汎夫以下十五人前後俱闕下列存趙戛□四人中闕十二行前後亦闕向在縣學今佚

李莊簡家訓碑　□□□年

莊簡李公家訓

少年欲勵志操□□□□□□□當以儉素勝之不□□□□□□人之居處華潔過□□□□□□房窈窕則思顏氏陋巷□□□□之盛饌甘脆肥濃則思□□□□飲水之樂見人之佩服□□□□珠玉之珍則思子路□□□□□□若能置吾言於座右□□□

越中金石記攷公墓在餘姚之姜山是碑當日其家或立於墓所或置於墳寺莊簡所請墳寺爲姜山之淨盦院敕賜靜凝教忠寺額厥

後額圮乃遷委姜山土穀祠內爾○案碑高
三尺餘廣二尺餘正書十二行行十三字

明因寺碑記咸淳六年

萬歷志孫嘉撰○
石佚文載寺觀

元

長慶寺鐘識至元二十年

勑長慶寺　切見本寺創建有年洪鐘廢久今□□
□重鑄幸獲圓成專爲上祝皇恩下熏檀度山門平靜
海涘均安佛日長明法輪常轉袈裟堅固道業精修二
六時中吉祥加被者　太歲癸未六月初二日　幹緣

守禮薰沐拜書　同幹緣信人張覺□　張覺名　何
覺原　本鎮大使歐陽寬同妻唐氏助鈔六十貫已上一方
徐定華　任得辰　徐福　梁伯循　沈叔莊　聶仲
文　董李和　董李文　孫宗順　徐惟正　盛福員
李子用　李用張　張拱辰　已上各助鈔十貫
嚴均用　助鈔五十貫　楊觀　助鈔三十貫　李三
助銀三斤　徐仲彬　助二十五貫　徐可祥　徐
伯祥　孫季初　各助鈔一十五貫　胡齊延　助二
十貫　陳各福　助二十三貫　蔣論付　助銅十斤

謝守中同妻帀鈔助緣　俞用和同妻谷銀銅助緣

嚴友四娘　章祿三娘　各谷一石　潘安辰妻丁

氏　助銅一十斤　褚宗海　吳文中　各谷一石五

斗已上一方

口方盛　助谷六石　尹儒榮　助谷六石　□□中

助谷五石　潘伯奇　助谷二石　杜惟學同妻

助谷二石　潘宗紀　助谷六石　周文昭　周尚文

各助谷二石　杜惟貞同妻　助谷二石　蔣[宏]道

助谷二石　杜祥　助谷口石　嚴孟[宏]　助谷二

石　尹太□同妻　助銅十斤　金□和　鄭子原

各助銅十斤　□□□　助銅五十斤闕三行　二石

許□□　□□　各助銅十斤　張氏妙貞　周氏妙

本　各助谷二石已上一方

蔣宏四娘　助谷一石　胡眞一娘　雇氏妙善　章

氏妙貞　宋青一娘　各鈔一十貫　楊氏妙遵　徐

氏妙辛　蔣氏妙貟　各布一疋　杜氏玉得　助谷

一石五斗　黃氏妙貞　夏氏妙音　陸氏得和　葉

氏妙清　章佑三娘　各助谷一石　吳氏妙善　李

如一娘　應氏妙善　王昶一娘　各助谷二石　張

尹成　助谷一石五斗　徐方貞　夏均禮　楊菊□

丑時　章景延　陳彥得　□□　徐艮玉　徐景艮

徐叔剛　范榮茂　已上各助谷□石俱第一列已上一方

何信英　助銅六十斤　何實莊　何金鉉　何玉鉉

各助銅一百斤　何尹升　助銅三十斤　何一鵬

助銅五十斤　何誠鈺　助銅六十斤　何大祥

助銅二十斤　何簡華　眞益　簡萘　福壽　阿祥

友敬　璥如　各助谷二石　喻氏惟儀　何氏□

□胡匆一娘　各助谷□□　方佝一娘　金氏妙
眞　各銅□□一方已上
本寺助緣比丘　道訓　㝠闍　兖恭　道泰　[宏]暢
惠翊　梵儀　德靜　各助五十貫　一原　行鎡
各助二十貫　弥顯　善治　各助一十貫　等慈
寺辰壽　助二十貫　樂善寺文冏　化助銅二十斤
嘉福寺惟勤　助谷二石　正覺寺汝昂　[元]猷
共銅五十斤　淨衆寺道慰　妙鼎助緣　顧可恕
嚴子名　各助十石　郁敬宗　褚宗原　吳仁禮

顧覺名　施招付　趙[宏]三　佘氏妙名　汪氏妙貞

褚宗正　李秀一娘　徐世榮已上一方

謝得常　倪景艮　黄敍立　徐宗原　各助谷五石

徐伯常　助谷三石　徐彥道　胡貞艮　黄仲祥

黄偷得　李林　徐得辰　孔子華　孔延輔　已

上各助谷二石　於道泰　助銅二十五斤　陳氏淑

三娘　張氏延一娘　胡氏妙[盛]　各助銅二十斤

杜氏若林　助銅一十□斤　徐氏妙廉　徐氏□

婁氏昌三娘　嚴氏□□　嚴氏妙成　□□□□

黎景三娘　各闕數字　陳可尚　虞□□　吳暉

景暘　各助銅□□斤　已上一方

心經不錄　王付成　虞思仁　潘經　虞氏　厲拱

虞氏　各助谷一石　于中三同妻□氏　已上一方俱第二列

皇帝萬萬歲　南無阿弥陀佛　南無觀世音菩薩

南無大勢智菩薩　已上四方俱第三列

越中金石記案嘉泰志長慶寺唐咸通二年建名永壽寺宋大中祥符元年改賜今額萬歷志已入慶寺中今鐘在縣署鼓樓者蓋廢後所移也太歲癸未元世祖至元二十年時距宋亡僅七載豈遺民不忘故國故書甲子而不紀年代歟○案鐘識分三截下截第一列七十六行中截第二列六十九行內心經十八行上截第三

列四行俱正書鐘向在縣署前譙樓今燬

道愛堂記　至元二十五年

正統志陳自立撰
○石佚文載建置

重建思賢橋記　至元三十年

正統志余應璜撰
○石佚文載橋渡

明德觀記　大德四年

正統志句章任士林撰○石佚

重修旌教寺記　大德□年

正統志韓明善撰○石佚

福仙禪院記大德七年

上虞縣蘭穹山福僊禪院記

會稽山配岱宗凡峯□□隆繹是郡者皆勝絶虞蘭芎其一也大德七□□余以庶□在官讀書古虞氏之邦有僧克文以狀來謁曰蘭穹山福僊院住持□□蘭穹□縣□西廿里夏蓋湖之南坐殿大海西亞曹娥洪濤之風蓋自天姥□洲臂横□直溝斷□伏而來南爲首樓山北爲蘿巖將直趍海而窮遂爲嵌巖方特之勢□□壤□□□□而尊厲尤甚是爲葛仙翁修煉之地石

井丹竈存焉今爲福仙□□□□□□□□菴爲寺
始也兩杉童丶直山門之陽如塔峙立鬱然古意經唐
宋風雪物□□□□□順與其徒如杲志和始改作法
堂山門若干楹至元卅一年秋也大德五年□□□乙
亥克文捐衣資之直且以其道惠夫人之肯施者重搬
佛殿□精駿□□□□□若齋庵廊廡方丈之居以次
修居院始完矣然自咸通迄無金□□紀□□□□□
乎余謂山川偉特之觀僻在江陬海表而使□虛寂滅
者坐以鎮□□□□仙□□跡驚動恠異夫亦智巧之

所營而善察幽勝□□□必錄如來□□識心見性□
□其道簡直且易行也人心翕著之故多而禍福之□
集故人趍之也衆而智力猥附□碧之觀求□不成然
百工之事具而衣食者迭資焉分田叙假之有常入而
農者盡□此其教□□不替乃式至於今也余固嘉文
師之不怠事食且樂茲山之勝遂爲之書歲癸卯□□
望句章任士林記集賢直學士朝列大夫行江浙等處
儒學提舉吳興趙孟頫書□□翰林文字徵事郎同知
制誥兼國史院編修官聊城周馳篆額　大德七年

冬十有二月朔建　住持普德明辯大師克文立石

錢玫金石志略趙孟頫任叔實墓誌云余十年前至杭故人大梁張君錫以上虞蘭穹山寺碑求余書讀一再過曰噫世固不乏人斯文也其可以今人少之哉蓋深相傾挹者卽此碑也越中金石記按記載松鄉集中無大異惟與其徒如杲志和七字在次行克文之下則二人乃克文徒而非道順徒然石爲克文所自立不應有誤自當從碑爲正○案碑高五尺餘廣二尺餘額篆書上虞縣蘭穹山福僊禪院之記十二字文正書十八行行三十三字在

蘭穹山福仙寺

上虞縣曹娥驛記　大德七年

越中金石目任士林撰

文見松鄉集○石佚

悅茂堂記　□□□年

萬[歷]志虞集撰○石佚

重建崇福蘭若記 延祐四年

正統志許明奎撰

○石佚文載寺觀

重修上虞縣學記 嘉定二年

重修上虞縣儒學記 紹興路上虞縣儒學教諭戴

俞撰 將仕郎紹興路餘姚州判官方君玉書

承事郎台州路同知黄巖州事鄭僖篆額 文載學校

儒職 等立石 會稽趙艮魁鐫 直學趙慶老

司吏貝克勤

越中金石目泰定二年十二月立在縣學刻於宋淳熙中修學記碑陰○案碑高廣與修學記一式額篆書重修上虞縣儒學記八字記二十三行行四十二字記前題名三行共四十四字俱行書碑文今蝕四十六字

慶善寺環翠樓記　天曆□年

萬曆志方九思撰

○石佚文載寺觀

建蓮峯聖壽寺記　元統二年

正統志侍制揭奚斯撰○石佚文載寺觀

重修曹娥廟記　重紀至元二年

正統志安陽韓性明善撰○石佚文載祠祀

李縣尹去思碑　至正□年

正統志會稽縣尹夏日孜撰
并書立石縣門左○今佚

金罍井記　至正七年

萬歷志余元老撰
○石佚文載古蹟

重建上乘寺記　至正七年

重建鳳山上乘寺記　　四明胡瑛模鐫

將仕郎兩浙都轉運鹽使司長山場鹽司丞胡長孺撰

太中大夫祕書卿泰不華書并篆額

佛法行江左至東晉始盛元帝時即山爲寺有鳳飛之祥故封其山曰鳳山唐代宗時有嘉猷禪師居之道行

峻特聲聞於朝錫名休光大善道場宣宗大中五年僧道全號三白撤舊更新寺益弘大至懿宗易名大興善院錢氏之王吳越吳僧法眞慕嘉猷之道繞塔作禮越人異之因請居是山講說經論逾千萬言涅槃宬善故世稱爲涅槃和尙弟子受度者凡十人上乘起東晉至今千餘年前有嘉猷後有涅槃教法演迤彌久弗絕世之言高德者則必稽焉宋治平三年改賜今額至元廿九年寺燬於火仁育師既居眞應不忘本始與法孫自然始爲寶殿前淮安路萬戶楊思諒感師誠慤率其家

人作佛諸天像莊嚴崇飾事與殿稱然後說法之堂栖僧之室法藏齋廬以次具舉皆師力也而觀音有殿香積有廚則僧正倫擇朋實爲之師又念寺成而無以爲養益市土田若干晦山樵圃蔬所須畢給齋魚飯鼓大衆咸會人謂師所樹立視唐三白師殆過之矣余嘗觀世之人凡所興作竭筋力踰歲時僅克有成而浮圖寺廟徧天下瓦礫之區榛棘之場俄而棟宇丹碧飛動照耀若有鬼神翼而相之者果何道致然耶蓋其道以佛爲祖以法爲宗不有其家故無事育之累不私其身故

無奉養之費不混於齊民故無畊鑿之勞不領於有司
故無賦役之迫專志一力攻苦茹淡矢心自誓期以歲
月旬時堅如金石可信如契券宜其成之易也雖然蓋
亦繫乎其人焉師才敏而志勤能力興是寺又推其餘
治眞應以待四方來者其至如歸莫不意滿是皆可書
也書之所以示後人無忘師之志焉爾　至正七年
龍集丁亥八月旦日建　眞應住山釋妙境　三
山比邱衆普潤　道腴　彌邵　彌□　行簡　元凱
□椿　普照　明生　本慈　季艮　普香　梵音

若琛 永興 季顥 居皓 智湛 必宏 得□
似□ 德孺 祖琇 允棊 居敬 至理 智印
眞逸 廣讚 元朗 仁讓 泰道 友益 瑞彪
淨行 和雅 珎異 祖蔭 仁智 士衡 清藴
福勝 惟炯 可繼 紹瞿 宏微 達元 具戒
天祚 普瑞 善咨 大雷 法悟 性瑩 克俊
思永 光遠 才微 德森 福祐 總持 寶意
妙炯 若時 宏妙 法雲 似巘 孚裕等立石

越中金石記按胡汲仲元史本傳云延祐元年轉兩浙都轉運鹽使司長山場鹽司丞階將仕郎未上以病辭

不復仕隱杭之虎林山以終其歷官與題銜合但傳載汲仲咸淳中入蜀銓試第一名授迪功郎監重慶府酒務俄用制置使朱禩孫之辟兼總領湖廣軍馬錢糧所僉廳又稱卒年七十五若此記作於至正七年溯至咸淳九年已七十五歲其時不合殆撰記在先閱數十年始勒石歟史又稱汲仲爲辭章海内來求者如購拱璧苟非其人雖一金易一字毅然不與今仁育能得其文亦非常僧矣眞應蓋虞邑寺名地志無攷○案碑高九尺廣四尺餘額篆書重建鳳山上乘寺記八字記十七行行四十四字題名七行俱正書在鳳山上乘寺碑甚殘裂不堪摹搨

三忠祠記　□□□年

嘉慶志尹張屋撰

○石佚文載祠祀

重建海隄水閘　至正十年

水利本末夏泰亨撰并書泰不華篆額石立本縣儀門○今佚文載水利

重建明倫堂記　至正十四年

上虞縣學重建明倫堂記

將仕佐郎建寍路政和縣闕下　賜同進士出身將仕郎紹興路諸暨闕下　崇文太監嘉議大夫兼撿校書闕下

文載學校

監造縣吏徐仕榮　學吏貝琡　四明胡瑛刻

刋誤案攷元陳恬水利本末至正十年載夏泰亨上虞海隄水閘記署將仕佐郎建寍路政和縣主簿與碑正合則文當爲泰亨撰舊志作泰不華然水閘記撰文者夏泰亨篆額者即泰不華題銜曰翰林侍讀學士則此

碑文爲泰亨撰無疑舊志皆誤至書碑者當爲許汝霖篆額者爲周伯琦嵊縣志載汝霖至正十一年進士初授諸暨州判官黄晉卿至正十五年紹興路修學碑稱諸暨判官許汝霖實督其事是可據也秀水祥符寺碑是年五月立亦伯琦篆額題銜曰崇文太監嘉議大夫兼撿校書籍事與此正同○案碑高八尺廣四尺記十六行行三十六字記前題名三行後一行俱正書在縣學

上虞縣覈田記　至正十九年

越中金石目貢師泰撰

文見玩齋集○石佚

湖田詩石刻　至正十九年

水利本末湖田詩五章天台劉仁本撰後附鄱陽朱右跋○石佚

復夏蓋湖記　至正十九年

水利本末宣城貢師泰撰新安程文書鄱陽周伯琦篆額五鄉士民劉和等立石在橫塘善經堂○今佚文載水利

碑陰圖跋　至正二十年

水利本末番陽徐勉之跋并書東魯申屠駉題額○石佚跋載水利

隱士徐瑞卿墓誌銘　□□□年

新增括蒼王廉撰貢師泰書周伯琦篆額

白馬湖實田鈞糧記　至正二十一年

水利本末西安縣尹張守正撰立石橫塘○今佚文載水利

築海隄碑記　至正二十三年

萬歷志劉仁本撰○石佚

上虞縣築城記至正二十四年

正統志汪文景撰

○石佚文載城池

銅漏銘至正二十五年

天池壺　受水壺　　徐仲裕刻

江浙行樞密院分治上虞新城至正乙巳夏五月戊午乃鑄刻漏謹晨昏之節㠯昔號令器雖微而政之所關則大矣宜有銘㠯志迄之所始銘曰　立表下漏軍府之經昭示大信無爽晦明天運有恆水流不息盈虛升

降茲器維劑人衆耳目視當興居小大奉令曰無或渝

匪器弗渝維出于公施政若斯觀設不从江浙儒學副

提舉楊彝撰并書　慶元路儒學錄臧居敬製

上虞縣尹王芳　都事朱元章　斷事官王若毅

龍霖　昷子恭　經歷鄭珩　毛永　伯帖穌爾

同僉樞密院事張子元　樞密院副使張啟原

方永　知樞密院事方國珉

潛研堂金石文跋尾楊彝篆書有法度其書姓从手旁

蓋取漢書揚雄傳也上虞立行樞密院不見於元史殆

明初史臣惡其僭越略而不言歟錢玫金石志略銅漏

在縣庫一天池壺一受水壺天池壺四方上廣下狹高

今工部營造尺一尺六寸強上口徑方八尺底徑方六尺六寸一面近底正中有小口口去底一寸長一分徑圓一寸六分肉厚一分強壺身四面肉厚二三四分不等底厚約三分去上口寸許正中雙鉤篆天池壺三字直書徑二寸四分與近底小口同一面受水壺壺身長而圓高工部尺二尺四寸徑圓三尺一寸強近底亦有小口口去底一寸強橫長一寸三分徑圓五寸肉厚一分強壺身肉厚三分底厚約三分去上口寸許正中亦雙鉤篆受水壺三字直書徑與天池壺同稍下篆文序銘題名俱與近底小口同一面越中金石記按元明間同時有兩楊彝一錢塘人字彥常杭州府志云登進士第官至翰林學士以詩古文見重於臺閣工篆隸眞楷張雨素負詞翰名然自以爲不及四明李仕開饒於貲彝與會稽胡舜咨金華戴叔能曹南吳主一豫章揭伯防先後遊四明仕開招致賓客俾諸子問業焉一餘姚人字宗彝明詩綜云洪武中以人才舉爲沔陽倉副使遷都察院司獄調長泰主簿以獻詩擢吏部考功主事紹興府志云彝別號銀塘生乘牛出入四明洞天遇風

景林塋之美郎題詩於上墨光動盪趙謙不喜時彥詩讀彝所寄撫几朗誦不能罷是二人皆夙以文詞著稱但彥常兼以善篆隸名宗彝不聞其工篆亦且不言仕於元世似當屬彥常爲是至正鄞縣重修儒學碑亦楊彝書題銜與此刻同其署籍貫則曰淛河較以杭州爲近惟彥常會官翰林學士何以此題儒學副提舉豈杭志所書有誤抑或有謫降之事而志不及詳歟○案刻一高一尺廣三寸直行雙鉤天水壺三字一高二尺餘廣二尺上列直行雙鉤受水壺三字下列二十一行行十三字俱篆書向在縣署今燬

泳澤書院碑記　至正二十六年

泳澤書院記　文載書院

至正二十六年龍集丙午　將仕郎江淛等處儒學副提舉淛河楊彝撰　下八行闕

新增碑高九尺廣五尺正書三十四行行六十四字前後殘蝕不可辨識在承澤書院

戒德寺記 至正二十□年

越中金石目徐一夔撰

文見始豐橋○石佚

明

沃靑閣賦石刻 洪武□年

萬歷志趙俶撰○

石佚賦載文徵

重築海隄碑記 洪武□年

萬歷志謝肅撰○

石佚文載水利

夏蓋湖水利碑記 洪武七年

宏治府志紹興府學教授王儼撰○石佚文載水利

夏蓋湖韓家閘碑記 洪武七年

萬曆志翰林學士宋濂撰○石佚文載水利

阜李湖重修三閘記 洪武十五年

湖經翰林待制趙俶撰晉府長史桂彥良書丹并篆額鄉彥俞本中等四十四人立石○今佚文載水利

重建陶朱公廟記 永樂九年

正統志葉砥撰○石佚文載祠祀

阜李湖水利記 永樂二十年

湖經翰林學士王景章撰永樂壬寅三月耆民郭厚道等立石○今佚文載水利

復縣署碑記宣德六年

萬歷志張

居傑撰

復縣署碑記成化十年

浙江通志新昌俞欽撰○已

上二石俱佚文並載衙署

清隱寺磬正統五年

皇圖永固帝道遐昌佛日增輝法輪常轉祖宗歸善道

父母往西方　正統五年

判官任澤捐俸鑄施

新增磬高一尺餘大

二尺餘在清隱菴

清隱寺鐘□□□年

新增鐘高五尺大四尺銘字與磬同其餘小字不可識在清隱菴

修皁李湖閘水利記 正統六年

湖經正統辛酉七月工部左侍郎盧陵周忱撰邑人郭南立石○今佚

御史葛啟墓表□□□年

萬歷志胡儼表○在獅子山

天順銅漏 天順七年

浙江紹興府上虞縣文林郎知縣吉惠 迪功郎縣丞

田玉 將仕郎主簿黃隆 典史譚瀛 陰陽學訓術

鍾文生　鑄匠李原伶等　天順七年癸未造

嘉慶志明天順時重鑄一壺壺式如天池而殺高一尺零九分上口徑方四尺七寸底徑方三尺四寸小口去底八分近壺身處徑圓二寸外口徑圓一寸六分圓厚不及分四面肉厚二三分不等底厚三分正面楷書凡九行○今燬

徐州州判韓琪墓表　宏治十三年

明故徐州州判韓公墓表

故徐州州判韓公與其配太孺人沈成化宏治間先後合葬於孝義鄉雁埠之原長子荆門太守銑嘗領丙午鄉薦與余爲同年次子散官錬乃今贈太子少保兵部

尚書兼東閣大學士謝公公覲之壻又與余爲同姻余於韓氏兄弟兼有二同之好乃徵余表其墓余有不得而辭者矣公諱琪字廷玉號味韲裔出宋忠獻王後南渡來越今爲上虞人公以祖父種德久深受姿孝敏讀書過目能了大意甫壯從事浙藩方伯而下皆愛重之遞以通典六曹事無留滯正統末大盜起閩浙朝廷命將討之供役煩繁右方伯楊君往涖厥事舉置麾下公以受知之深竭力贊襄而餉道兵械無少乏絶故王師一鼓而渠魁授首郡縣寍謐公與有力焉及凱旋行賞

公以前功進秩徐判徐地號要衝吏多弗稱公處之裕如上下德之而太孺人沈内政實有助焉甫三載輒以親老引年延師教子務底有成雖未逮祿養而卒距今已一十八載二子乃能益振家聲敦尙文事惓惓以公之墓表爲請則可謂無負公之志也已余嘗喜世之大族富貴本於百年之善詩禮由於繼世之賢今以公之行實而論公之平生則尤喜其上纘祖父之善下啟子孫之賢也故特書以表之　宏治庚申歲秋九月重陽日　賜進士及第刑部主事南山潘府識并書篆

額

新增碑高一丈廣四尺額篆書明徐州州判韓公墓表九字表正書十七行行三十七字在雁步

重修譙樓記　正德十二年

萬歷志會稽董玘撰○石佚文載衙署

南山碑記　□□□年

萬歷志董玘撰○石佚

汪侯度清介碑　正德十五年

萬歷志名宦傳邑人朱袞撰立碑接官亭○今佚文載名宦傳

科甲題名碑記　正德十五年

國朝上虞縣科甲題名記

國家非賢才不重賢才非科甲不榮故自周以來咸重進士而進士必階於鄉舉周禮命鄉論秀士而升之司徒曰選士論造士之秀者以告於王而升之司馬曰進士海內亘有司類皆立石學宮書其名氏彰厥美也虞邑士舉於鄉而論於天子之廷者頗有聞人獨可弗紀乎正德乙亥劉侯汝敬以名進士作我民牧政成之暇慨念賢才所以隆國幹科甲所以榮仕進前宋雖已立石然惟及進士而鄉舉者之名氏失紀意猶未廣乃詢

謀於縣佐學博咸曰可而以記屬余蓋欲合進士及舉於鄉者而類書之用垂不朽也其或籍於外郡而發解於他邦者考之於録雖不繫虞然其訃告祭掃恩義未絶父母宗族譜牒具存則亦有不得而遺者故率按其舊題而收勒之非欲援以重虞也蓋亦著其實耳夫世之人多謂人生須富貴耳何苦修□□之終與草木同腐故在科甲中者往往不能忘情於兹今以諸士名□□□樹之學宮俾後之觀者循名責實而指之曰某道德之士也某功名之士也某志於富貴之士而已矣庶

幾起自科目者不隨世浮沉上之翊佐天子下之潤澤生民而德業聞望相映後先照垂簡冊乃爲不負科甲之榮者也立石之功可少乎哉侯名近光江西廬陵人正德中成進士汝敬其字云　正德庚辰閏八月乙

西南山潘府記題名載選舉表

新增碑高九尺廣三尺餘額篆書上虞縣科甲題名碑八字碑分九列上一列記三十三行行二十二字下八列均題名每三十六行俱正書在縣學

集李邕書曹娥碑嘉靖元年

漢會稽上虞孝女曹娥碑碑文不錄

嘉靖元年季夏吉旦　提督浙江市舶提舉司事內官監太監賴恩重建集唐刺史李邕書

新增碑高七尺廣三尺餘行書十六行行四十字在曹娥廟

元妙觀碑記　嘉靖元年

萬歷志謝丕撰○石佚文載寺觀

處士許璋墓題字　嘉靖四年

萬歷志王守仁題○石高五尺餘廣二尺餘正中題處士許璋之墓六字左新建伯南京兵部尚書王守仁題十三字右大明嘉靖四年上虞縣知縣楊紹芳立十五字

水東精舍碑記　嘉靖六年

水東精舍記古蹟文載

嘉靖丁亥三月既望三峯山人朱袞撰　上虞知縣楊紹芳縣丞陳大道主簿鄭瓏典史袁震儒學教諭白經訓導符璽易文元同建

新增碑高六尺廣三尺額篆書水東精舍碑記六字記正書十八行行四十四字在二十二都東嶽廟

楊侯紹芳去思碑　嘉靖□年

萬歷志名宦傳士民公立○石佚文無考

歲貢題名碑記　嘉靖十一年

上虞縣歲貢題名記

古虞屬會稽號巨邑諸峯嶔崟萬溪潺湲抱眞蘊異鍾
靈藏奇凝而爲氣達而爲光自然之文森布燦爛而人
材出焉歷代以來德崇業廣者載諸靑史卓有可徵我
太祖高皇帝龍飛御極圖新治理丕顯人文京邑首建
太學繼詔天下立郡縣學選用人材惟其實不惟其名
而人材之應用也亦惟其實是尙而名不趨科甲歲貢
相繼並用閱諸往跡虞之貢士有擢御史登郎署列郡
牧者直聲異政擬諸科甲相等近年以來茲意漸衰聖
天子中興通變神化尊德明賢昭一代人文之盛復三

途並用之制始選諸郡縣繼選諸憲臣監司拔其德行
優裕文詞俊逸者不拘額員遂宴鹿鳴貢禮闈遊太學
達諸銓曹越格擢用諫垣臺郎郡牧皆可到之地其所
以重明德者可謂至已虞庠表稱人材淵藪弟子員彬
彬相望果能靜以持志博以辯物虛以存誠莊以絕俗
循循不已而明德昭矣由是出而登第應貢服官蒞政
必能率履安貞危言危行克獲棟隆之吉允爲國家之
禎而明德普矣光於前哲增重山川琬琰傳播盛有既
耶噫茲義之舉闡幽之智敦化之機勸後之仁兼得之

矣其請予以文者則管生楷陳生驥也二子思厥祖考之孝因以彰矣時贊厥成者教諭虞楚訓導吳演云

嘉靖十一年十月吉旦　賜進士出身上虞縣知縣山東古恩木泉左傑撰　題名詳載選舉表

新增碑高五尺餘廣四尺額篆書上虞縣歲貢題名碑八字碑分二列上列記二十八行行十九字下列題名二十七行俱正書在縣學

復石城碑　嘉靖十九年

上虞縣復石城碑記　文載城池

嘉靖十九年庚子夏六既望　賜進士出身中憲大

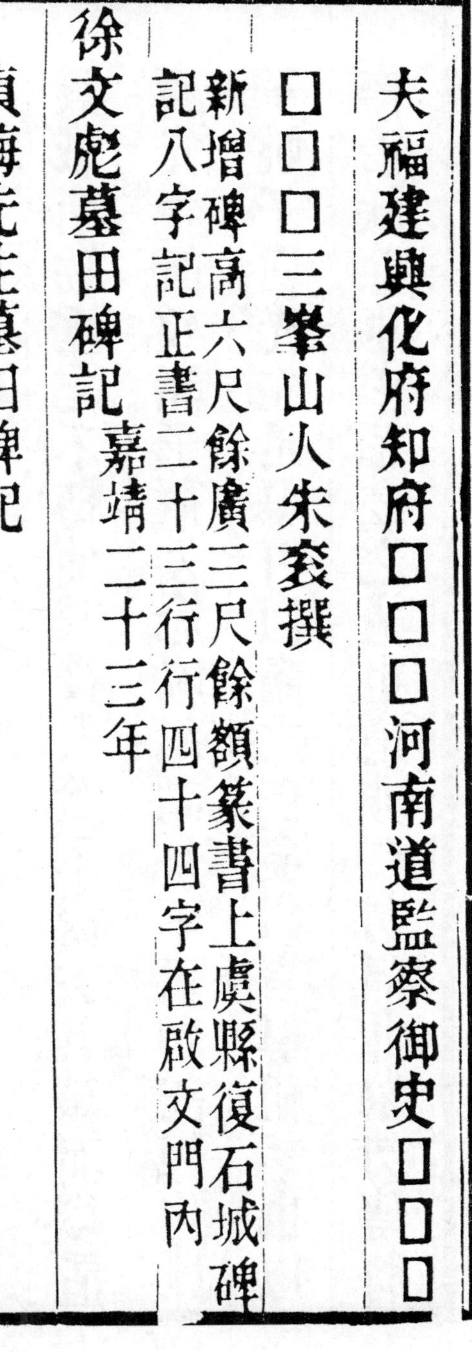

夫福建興化府知府□□□河南道監察御史□□□
□□□三峯山人朱衮撰

新增碑高六尺餘廣三尺餘額篆書上虞縣復石城碑記八字記正書二十三行行四十四字在啟文門内

徐文彪墓田碑記嘉靖二十三年

貞晦先生墓田碑記

先生博學雄文瑰能琦行蔚然爲儒林宗武皇朝應聘茂才異等而阨於逆豎之難身窮志拂歸乃歎曰君子不得行其道於時猶可施之於家家政莫大乎尊祖以洽族尊祖莫重乎祭洽族莫先乎燕祭有時享有展墓

其儀甚殷燕則隨時羣飲以序昭穆其情甚戚修祭以寓燕莫貴乎備物物備而禮成矣猶懼其莫或繼也乃制之產割腴田一百畝歲收其入以治具遞掌輪值承之不匱使其後人曾不得蔑典而隳棄焉又懼其莫或守也乃立之記鑱入廟庭凡其畝之數與其畛域經界具載明勒垂之不朽使其後人曾不得去其籍而變置焉先生既殁諸子輩爰念厥紹謂是不可勿記以告姚子姚子曰先生是舉可以謂之仁矣以言尊祖孝也以言洽族慈也孝慈仁之道也道非仁勿倡非墓勿傳將

必有需焉余讀楚茨諸什具言祭饗燕飲其義極備乃知力農以奉宗廟咸公卿有田祿者而後能有舉莫廢也故孟子曰卿以下必有圭田後世井田壞而宗法不行圭田之泯沒蓋獨岷庶爲然雖卿士大夫之家亦不可復焉是故數葉之後或自爲戸服盡則澤斬世降則勢暌上之視祖則邈乎遠矣下之視族則愬乎疎矣其上漸遠故其下愈疎其下愈疎故其上愈遠遠則忘疎則渙不復知本源之所自觀陳師道思亭之記蘇洵族譜之序可爲流涕者矣夫忘與渙民德之薄也其故伊

何寶自無圭田始無田則生物不腆粢盛牲醴無常供微賤者勢不可爲貧乏者力不能及富貴而猥鄙者則又溺志於玩好而不知務間有一二君子少念及之脩祭以省忘寓燕以合渙然寡恒業但能行於其世而不保夫其後悲夫今先生仳不遑務瞿瞿焉急於尊祖洽族敦本重義教成於家有古宗法遺意焉卽其慨然捐已之田創業肇統稽古禮文丕裕後昆俾有所賴藉承教不至於遠忘而疎渙非仁者而能若是乎傳有之曰一家仁一國興仁今之世俗庸詎知不有感發者乎是

不特有功於徐氏而風聲所樹表率邑里若先生雖不得施於有政是亦爲政矣其生爲國老而迭賓於學宮其歿而配祀於國社也固宜　嘉靖癸卯春三月吉旦　賜進士出身中憲大夫福建按察司副使羅東姚翔鳳撰　賜進士出身中憲大夫山東按察司副使弦齋陳楠書丹篆額

新增碑高五尺餘廣二尺餘正書十七行行五十八字在管溪貞晦先生祠内

徐文彪繹思碑　嘉靖二十二年

貞晦先生繹思碑　文不錄

嘉靖二十二年歲次癸卯春正月吉旦　賜進士出身中憲大夫福建興化府知府前河南道監察御史刑工部郎中三峯山人朱袞撰　賜進士出身奉議大夫廣東按察使司僉事餘姚東泉汪克章書丹篆額

新增碑高五尺餘廣二尺正書十八行行五十八字在管溪貞晦先生祠內

陳侯大賓去思碑　嘉靖□□年

維虞之邑土瘠民貧撫摩保障允賴哲人於我陳侯楚產儒珍分符來牧百爲本仁爲民救饑爲民亭屯乃崇文教春生詹芹乃中祖諭木鐸聲頻侯今去矣侯澤難

湮載穤載袴民懷日新

萬歷志名宦傳士民公立〇石佚

叅政車克高墓題字　嘉靖二十六年

新增嘉靖丁未右副都御史車純立石高六尺廣二尺餘在英𪁉

贈叅政車廷器墓題字　嘉慶二十六年

新增右副都御史車純立石高七尺餘廣二尺餘在英𪁉

葛滂行狀石刻　嘉靖三十二年

貞素先生垣溪葛公行狀文載文徵

門人前監察御史謝瑜撰　前翰林院待詔文徵

明書　吳鼒刻

新增刻高一尺廣三尺餘小楷七十行行二十字藏城中葛氏家廟

葛滂墓誌銘　嘉靖三十六年

明故垣溪葛先生墓誌銘文不錄

前翰林院待詔將仕佐郎兼修國史長洲文徵明著

前奉政大夫禮部郎中直內閣預修國史玉牒會典邑人徐應豐書丹并篆額　吳門吳鼒刻

新增刻高一尺廣三尺餘首二行篆書明故垣溪葛先生墓誌銘十字誌銘楷書四十二行行十八字藏葛氏家廟

東望橋碑　嘉靖三十八年

通明鎮東望橋記　文載橋渡

大明嘉靖己未歲東十二月吉旦　賜進士出身陜西行太僕寺卿前福建按察司副使里人姚翔鳳撰

新增碑高六尺廣二尺餘記正書十八行行三十二字在東望橋下

修大小查湖夾塘碑記　嘉靖三十九年

萬歷志姚翔鳳撰○石佚文載水利

重修崔公祠碑記　嘉靖四十年

萬歷志紹興府通判林仰成撰○石佚文載祠祀

鄭公祠碑記　嘉靖四十一年

萬歷志朱袞撰○

石佚文載祠祀

知縣題名碑記　嘉靖四十三年

萬歷志嘉靖甲子十月知

縣楊文明立石○今佚

重修學宫碑記　□□□年

萬歷志陳敬宗撰

○石佚文載學校

横涇壩碑記　萬歷五年

上虞縣城南濠河重建横涇壩記

賜進士第累　詔進資政大夫南京工部右侍郎前都

察院右副都御史奉　勅總督□□糧儲兼巡撫應天
江西等處地方陳洙撰
賜進士第奉政大夫江西按察司僉事前南京刑科給
事中張承賚書丹
賜進士第文林郎直隸蘇州府常熟縣知縣葛楠篆額
邑有横涇壩所從來舊矣城南田無慮數千畝歲恒苦
旱百樓諸澗水自南而下東遶城濠使無壩以障之則
水□瀉而民□慶矣□河自西直趨於東水不歸經文
秀爲□乃開玉帶溪引南澗之水向北而流入於運河

謂之巽水入□以昌一邑之人文是□之□□至重且大有如此後有秦越其民者輒撤其石壩日以圯於是農人未免有□萊之歎扶青雲而上者遭數之奇文運否至於今極□歲丙子邑侯林公以名進士來宰吾虞爲日已久諸務咸脩目擊斯壩之廢之久有關於虞之重之大□耆老錢大壯□□□等□□爲請遂亟圖之惟恐或後適少尹濮陽公繼至精力才猷足堪贊佐郎行經紀其事殫謀任勞飭工董衆□所不避財取諸公□不□帑藏力乘諸農隙不妨田功木石兼舉繕脩益

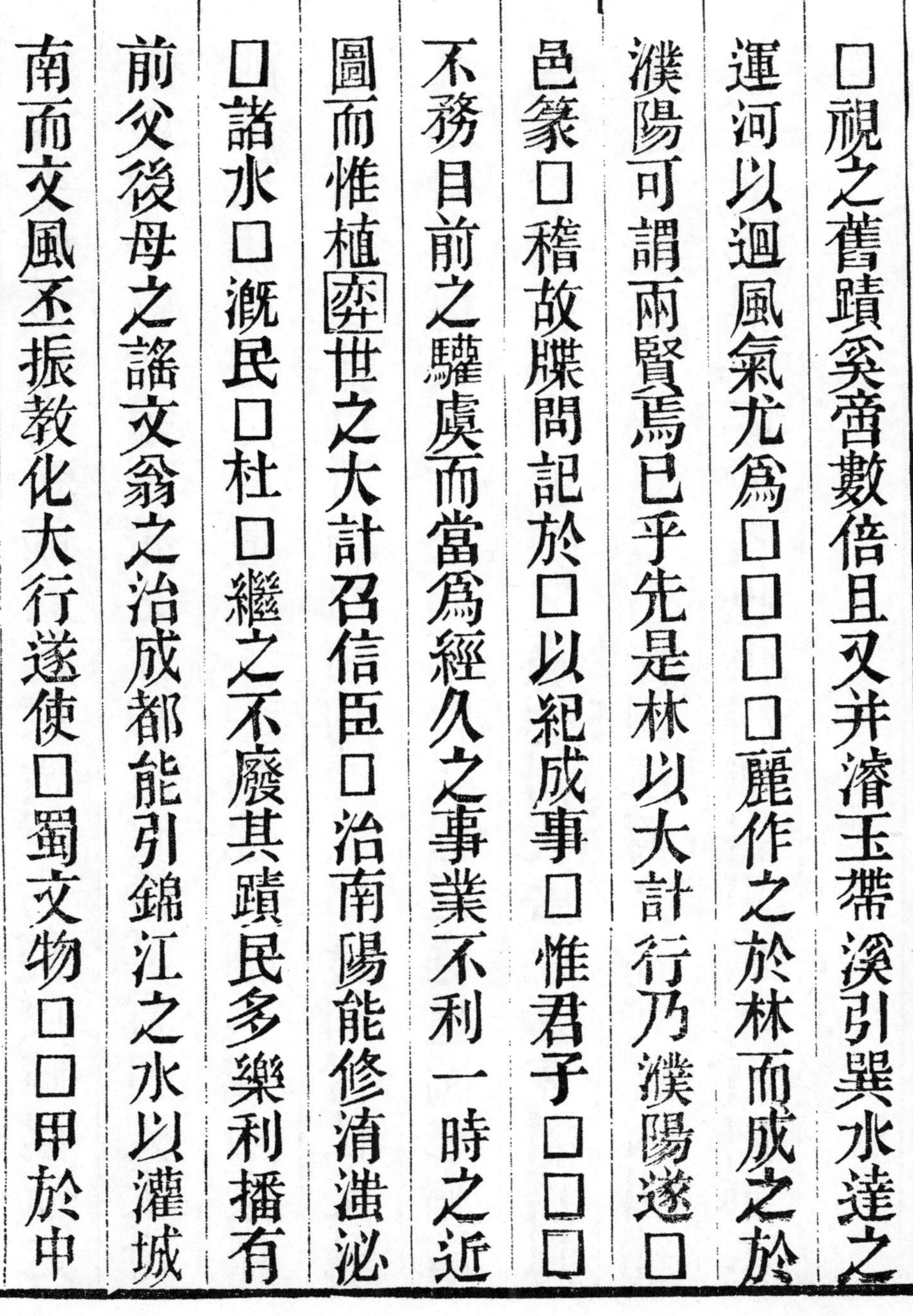

□視之舊蹟奚啻數倍且又并濬玉帶溪引巽水達之運河以迴風氣尤爲□□□□麗作之於林而成之於濮陽可謂兩賢焉已乎先是林以大計行乃濮陽遂□邑篆□稽故牒問記於□以紀成事□惟君子□□□不務目前之驩虞而當爲經久之事業不利一時之近圖而惟植弈世之大計召信臣□治南陽能修清湍泌□諸水□溉民□杜□繼之不廢其蹟民多樂利播有前父後母之謠文翁之治成都能引錦江之水以灌城南而文風丕振教化大行遂使□蜀文物□□甲於中

原古今稱良吏者率歸焉乃茲橫涇之衆東障建瓴之水以備旱乾北通玉帶之流以濬化源其爲□久大計視諸南陽□□之建置奚多讓焉他日穡人成功豪傑之興倍於往昔□斯壩而頌勳德於弗衰則召杜文翁又不得專稱於往昔矣顧不韙歟□□庭植閩之福清縣人濮陽名傳南直隸之廣德州人暨縣簿宋君膺鳳陽之靈壁縣人縣尉袁君光國江西之高安縣人相繼□□則又樂觀厥成者也俱得並書用勒諸石以垂不朽

萬歷五年丁丑春王正月穀旦

碑名見萬歷志文新增按碑高五尺七寸廣二尺六寸額篆書上虞縣城南濠河重建橫涇壩碑記十四字記十四行行五十一字後列題名十行俱正書題名不錄在南門中

大理寺卿葛浩神道碑銘□□□年

萬歷志孫鑛撰○在方𡶶文見月峯文集

參政葛木墓碑□□□年

萬歷志黃佐表○在麻𡶶山

儒學箴萬歷五年

君國子民　教之育之　有育無教　或淪於夷　置

吏俾育　建學俾教　爲教之方　本乎師道　清修實踐　正口博聞　成已成物　師道用尊　爲學之方　體仁由義　誦法周孔　亦致文藝　化民成俗以善其鄉　成德達材　以資於邦　本末循序　用臻實效　勗爾師生　毋忝學斅　萬歷五年十月吉日　上虞縣儒學立

新增碑高六尺廣二尺餘額篆書宣宗皇帝御製文七字箴正書六行行十六字在縣學

奎文塔碑記萬歷十二年

萬歷志邑人張承賚撰○石佚文載建置

復西溪湖泝澤書院碑記萬曆十二年

萬曆志知府蕭良幹撰○石佚文載書院

重建社學碑記萬曆十三年

萬曆志邑人陳絳撰○石佚

明德觀碑記萬曆十四年

萬曆志邑令朱維藩撰○石佚文載寺觀

復西溪湖碑記萬曆十□年

萬曆志朱維藩撰

復西溪湖碑記萬曆十□年

浙江通志姚江大學士呂本記

○上二石俱佚文並載水利

等慈寺碑記　萬歷二十四年

萬歷志邑侯楊爲楝撰○碑高四尺餘廣二尺餘正書十八行行三十六字在等慈寺○文載寺觀

新安閘碑記　萬歷二十四年

萬歷志縣令胡思伸撰

新安閘碑記　萬歷二十四年

萬歷志邑人倪涷撰○上二石俱佚文並載水利

楊侯爲楝去思碑　萬歷二十□年

刊補立碑儀門之左○今佚文載名宦傳後事略

置學田碑記萬歷二十五年

萬歷志會稽陶望齡撰○石佚文載學校

仙姑祠碑記萬歷二十□年

萬歷志孫如游撰○文載祠祀

胡侯德政碑記萬歷二十□年

萬歷志何大化撰○石佚文無考

百雲湖碑記萬歷二十八年

萬歷志邑人鄭一麟撰○石佚文載水利

修創城隍廟碑記萬歷三十一年

萬歷志邑侯胡思伸撰○文載祠祀

復漳汀湖碑記　萬歷三十□年

萬歷志比部顏洪範撰○石佚文載水利

徐侯修學碑記　萬歷三十四年

萬歷志邑人倪涷撰○石佚文載學校

楊鶴曹娥廟詩石刻　萬歷四十一年

哭娥草　有小引哀辭

余行部越中見忠臣孝子遺廟未嘗不低徊留之或遂欷歔流涕興哀墟墓之際亦不自知其所以然也夏五

發山陰未問道里遠近忽抵曹娥江肅衣冠入謁娥廟
再瞻荒墳勺水之奠未戒從者仰視几筵榱桷殆不勝
情尋問廟中道士香火何狀廟貌有何宜事修葺道士
具以實對急持募疏至舟中解纜將發爲題數語付之
捐二千錢佐費舟中復爲哭娥詩十首以不備禮故用
自懺悔狄梁公毀淫祠惟大禹伍員四廟不廢忠孝之
在人心千萬年如一日也余在武林令人修于忠肅公
廟總之與哭孝娥同意但使人人皆爲忠臣孝子披髪
左衽吾知免矣嗚呼江流有聲孝娥之血綽約女子心

肝似鐵千呼萬叫一往引決前抱父頸父腸寸裂江神
不仁作兒女孽我來哭娥殘碑斷碣如聞隴水嗚嗚咽
咽木怨風號迴濤卷雪忠臣孝子萬古不滅豈有七尺
之男兒不如十四之女節

五月江神惡濤聲撼白波迴風撾社鼓掠浪舞婆娑幼
女方窺戶而翁早渡河眼看親骨肉的的葬黿鼉

女郎年十四日日索翁啼自分生無怙那能字及笄鶯
濤甘沒馬鬣枕罷聞雞抱石投江去嬌容化作泥

澤畔哀吟苦洪濤覓父難鳥啼無日夜猿哭亂心肝生

死爺孃骨泥沙薄命殘萬人齊搦指呼救淚闌干
阿嬌輕賭命鼇背恣橫行魍魎愁相顧魚龍瘖亦驚蕩
舟非蔡女死孝勝緹縈鬼母啾啾夜江天帶血聲
巳罷迎神曲俄驚娶婦年不堪親父子雙穴哭蒼天風
水纏相痛河魴喪可憐我來問遺跡江草綠芊芊
不作陽臺夢應爲水府仙此生依父骨那恨入重泉夜
雨啼烏鬼春風哭杜鵑香魂何處覓蕭索越江邊
楚臣原孝子越女亦男兒何事風波惡偏傷古別離鞭
尸心竝苦援命事逾危孤憤千年調空潭明月知

黃絹中郎筆邯鄲淚得名悲歌須敵哭慟死嘆無生豈
有酸淒調都非腸斷聲孝娥聞此語嗚咽定傷情
殿苠生芳草江花冷白蘋眼看殉穴女羞殺浣紗人魚
服留青塚蛾眉寄水濱莫令巾幗辱空作丈夫身
雪浪千堆拍風濤萬樹號海鯨吹水馬神女出江臯公
子難收釣澹臺亦解刀英雄千古淚流血染征袍
新增刻二方每方高一尺餘廣三尺餘序
并詩共行書七十行行十三字在曹娥廟

放生池碧沼呈祥碑記　□□□年

萬歷志張文淵撰

○石佚文無考

友樵齋碑記　□□□年

萬[歷]志危業撰　○

石佚文載古蹟

蘭芎山募緣石刻　□□□年

蘭芎名山瑞峯德士立波若臺而授弟子雖已見月不可無指苟不聚經義亦半耳乃出其言而走千里先向大衆乞十萬紙昔者白馬非財不使敢告同人各捐稊米六十萬言言言儒理百數十金金金佛體經圓佛滿本多利美寶雨大雲從茲而始宏福瑞光何必非此震旦人士何必非彼　邑士倪元璐合十疏

新增刻高一尺廣三尺行書十六行行八字在福仙禪院

古嵩城廟碑記 崇禎十五年

晉口口吳國內史左將軍袁公碑記文載祠祀

明崇禎十五年十二月吉旦上闕倪元璐薰沐撰

新增碑高六尺廣三尺額篆書古嵩城廟碑記六字記正書二十行行五十六字在嵩城廟

等慈寺法產碑記 崇禎十五年

新增知縣周銓撰碑分四列每列行書二十行在等慈寺

國朝

俞卿曹娥祠詩石刻 康熙五十八年

新增滇南俞卿謁祠詩凡六章
後附跋語俱草書在曹娥廟

重修夏蓋廟碑記　康熙六十年

新增海塘告成重修夏蓋廟記知
紹興府事古滇俞卿撰在夏蓋廟

文廟歲修置田記　乾隆十一年

新增明縣令胡思伸捐置田畝乾隆十
一年三月教諭錢耀軫重立在縣學

方觀承曹娥廟詩石刻　乾隆十四年

新增七律詩一首桐山
方觀承題在曹娥廟

錢氏鄉試助田碑記　乾隆二十七年

新增知縣莊綸渭教諭范邦和
訓導蔣元錡遵憲立石在縣學

文廟歲修置田碑 乾隆五十四年

新增縣令繆汝和詳定田畝

乾隆己酉二月立石在縣學

連氏宗祠詩石刻 嘉慶□年

新增虞山歸景照桐山方受疇五古各一篇瀛海舒其紹七律二首海昌陳寅七古一篇均係錢塘梁同書書在上湖連氏家廟

錢泳隸書曹娥碑 嘉慶十三年

新增金匱錢泳以隸體補書并記山陰知縣徐元梅捐資立石後附鄞縣陳權會稽陳鴻熙跋在曹娥廟

葉氏鄉試助田碑記 嘉慶十八年

新增光澤李岱撰邑人錢駿書在縣學

重修學宫碑記　道光三年
新增桐城李宗傳撰并書
嘉定錢東垣篆額在縣學

重建文昌閣碑記　道光四年
新增知縣楚北周鏞
撰馬步蟾書在梁湖

重刻福仙禪院記　道光八年
新增邑人王望霖重書并篆額住持僧通濟
立石餘姚周喬齡有重刻碑記跋在蘭芎山

葛稚川事蹟石刻　道光八年
新增王望霖書
在福仙禪院

義行碑記　道光九年

新增知縣秀山鄭錦聲仝立邑人王煦書在縣學

經正書院碑記 道光十二年

新增知縣滇南楊溯伊撰在經正書院

尊經閣碑記 道光十九年

新增知縣楚南龍澤澥撰在尊經閣

重修大成殿碑記 道光十九年

新增知縣龍澤澥撰在縣學

公車路費碑記 道光二十年

新增提督浙江學政陳用光撰姚元之書丹并篆額在經正書院

周氏三世旌節事實石刻　道光三十年

新增山陰杜煦書在梁湖周氏

童試公費碑記　咸豐九年

新增知縣孫夢桃撰邑人林錫光書在經正書院

忠節公記　光緒三年

新增知縣江右唐煦春記并勒石在縣署後

捍海樓記　光緒三年

新增會稽陶方琦撰金沙王緒曾書在孫家渡

重建上虞儒學碑記　光緒六年

新增德清俞樾撰
在承澤義塾中庭

重建尊經閣碑記　光緒十七年

新增知縣唐煦
春撰在尊經閣

楊喬二字石刻　無時代

越中金石目宋嘉定中浚
玉帶溪得之○互見橋渡

普濟寺古鏡　無時代

萬歷志普濟寺井底大徑二尺用以壓勝明宏治間朝
廷聞而來取僧洽南貲以赴闕留數月賜還鏡北有篆
書詩云三面鯨濤東海浮巍然一刹鎮中
流龍君守護金鱗殿漲起沙隄古岸頭

鳳鳴山摩崖　無時代

歷朝上虞詩集鳳鳴山崖上刻有壬戌年五月十五日滕悅顏辛到十三字又有詩一聯云敲開石壁曾飛飲煉得金丹不賣錢越中金石記在鳳鳴洞山麓臨溪崖上似用刀隨手勒成惟飛字作行書相傳以爲仙人所題又壁上有鳳鳴山三字石質自成文理

花罋嶺摩崖　無時代

萬歷志倚嶺一石若有字數行以水噀之可辨一二餘竟模糊不可識○互見山川

覆巵二字摩崖　無時代

萬歷志字在石峽中昔嘗有人以墨摹得筆跡甚奇○互見山川

蘿巖二字摩崖　無時代

萬歷志山半石上鐫蘿巖二篆字○案採訪又有俞禋二小篆選舉表洪武壬子鄉貢有俞尙禋殆卽其人

蘿巖摩崖殘字　無時代

新增字凡四行峭壁嶄巖莓苔久積字多磨滅不可全識別有蘿岩山書四字獨明大俱寸許

補

蘿巖題名　洪武十一年

洪武戊午冬李成俞桎陳山陳文俞成萬與至此屠宏葛原保又至

法帖　附

諸葛武侯出師二表

新增嘉靖三十年辛亥七月文徵明書時年八十有二小楷七十一行明葛栴附識於後云余待白姑蘇荷衡

山翁知最稔爲余書武侯出師二表以余世系出瑯琊也命工鐫石以傳今藏葛氏家廟

娑羅居士草書石刻

新增明黃之璧自號娑羅居士萬歷時以詩文草書名後卒於皖城詩稿翰墨散佚無幾茂姪孫克成於康熙年間得其手錄詩五言古六首五言律五首訪錢塘鄒梅菴雙鉤其本勒諸貞珉以公世錢塘宗孫墀跋云其詩高潔直追漢魏其筆法眞有龍躍鸞騫之勢刻八方連題及款識凡一百四十四行藏西城外黃氏家廟

天香樓藏帖

備稿正刻八卷續刻二卷王望霖集刻自跋云余幼耽書法每見名人墨蹟輒沉玩不置可購者謹貯之其或什襲於友人非我所得晨夕欣賞者則借以雙鉤自有明至國朝得數十家既乃欲其歷久常新兼可公諸同好也爰勒之貞珉於嘉慶丙辰經始至甲子告竣顏曰天香樓藏帖

麻姑山仙壇記

新增向藏邑中錢玫家今歸粱湖王氏王淦跋云顔魯公書舊傳有大小字兩種近世習見者多小楷本宋歐陽修集古錄趙明誠金石錄及陸游諸人攷訂互異未知孰是孫退谷庚子銷夏錄云近傳蠅頭小楷本係嘉歷問僧人僞書惟字形大如指頂筆筆帶隸意者乃眞顔魯公書此刻與孫氏言相符

元化洞天石題字

新增石高二尺廣三尺餘峯巒秀矗洞壑天然高下諸峯皆用分書標題凡十餘處字大不逾二黍結體渾樸鐫刻亦工最高者二峯左一峯曰元化洞天篆道書第十六洞武夷山名昇眞元化之天玆石取象武夷故首列主名也元化之左篆書武夷春曉四字殆取四時之最勝用篆書者不與諸峯標題混也曰幔亭曰望鶴曰天池曰西溪渡自高而下窮元化之左右一峯爲寰仙曰登科石曰處義洞曰雲巖曰詩巖曰釣臺曰蒼屏自

高而下窮宴仙之右以黄仲昭武夷山記證之皆幽麗奇處也宴仙之陰有米元章題字云襄陽米芾元符二年三月廿二日觀石舊在武林好古家今歸連氏杭湖樓

案虞邑金石文字漢晉以來散見於他書者不少求其現存十不獲一其存者又多文字漶泐難供摹搨邑錢漢村攷有上虞金石志略山陰杜尺莊煦作越中金石記本之自元以前采獲略備錢氏之力可謂勤矣數十年來風霜兵燹較漢村時又多磨滅失今不治後來其何攷焉爰就碑碣完善者詳載高廣之制及字數款識其久經剝蝕椎拓無從者亦采羣書所記備錄撰書姓名自漢迄明略可覩矣 國朝碑記不勝枚舉擇其尤要者錄之

其目如右

上虞縣志校續卷四十　　金石志